普及读物

史迪威将军与中国战区统帅部影像集（下）

主　编 ● 周　勇　徐重宁
副主编 ● 冯嘉琳　周　敏

重庆出版集团　重庆出版社

八、指挥"梅里尔突击队"

1943年,英国首相丘吉尔(Winston Churchchill)与美国总统富兰克林·D. 罗斯福(Franklin D. Roosevelt)在加拿大魁北克举行会议,决定组建一支善于丛林作战的盟军支队,对日军后方发起突击行动。这支部队正式代号为"加拉哈德"(Galahad),即第5307混合支队,因部队指挥官为美军准将弗兰克·D.梅里尔(Frank D. Merrill),人们习惯称之为"梅里尔突击队"(Merrill's Marauders),但突击队员们更喜欢被称为"梅里尔掠夺者"。

作为史迪威将军的随行参谋,梅里尔毕业于西点军校。这位年近不惑的军人,面部黝黑,戴着眼镜,他平易近人、乐观自信的性格深深地感染着周围每一个人。20世纪30年代,他曾担任驻日陆军武官,能讲一口流利的日语,熟悉日军的作战方式。他手下有一批美籍日裔人员,他们在翻译以及刺探窃听日军情报方面发挥了极其重要的作用。因1942年5月随史迪威将军从缅甸撤退中表现优异,梅里尔获得杰出服务勋章,并晋升为陆军中校,1943年11月升为准将。

"梅里尔突击队"由熟悉丛林战的战士及美籍日裔人员组成,是一支勇敢顽强、富有战斗经验、善于丛林作战、令人望而生畏的部队。1944年,为配合盟军在缅甸的新攻势,史迪威将军接受这支部队的控制权。在这场现代的机械化战争中,"梅里尔突击队"徒步战斗在世界上最险恶的丛林地带,承受高温酷暑、雨水疾病困扰,历经艰辛,出生入死,袭击日军,在针对日军的丛林战中,发挥了至关重要的作用。

经过艰苦作战之后,这支部队已由原来的2997人减为1400人,史迪威将他们和中国驻印军新30师第88团、第50师第150团混编在一起,于4月21日组建为一支攻占密支那(Myitkyina)机场的突击队。按照史迪威的命令,他们必须用最快的速度、最短的时间穿插到密支那附近地区。为了不让敌人觉察,他们必须分道穿越险峻的库芒(Kumon)山脉,在茂密的热带丛林里行军,部队所需的一些武器和给养物资都要等到达指定地点后再空投接济。攻击密支那机场的日期定在5月17日,梅里尔因心脏病发作不能指挥艰难的挺进行动,由查尔斯·亨特(Charles Hunter)上校直接指挥战斗。突击队经历了难以想象的艰辛,出色地完成了任务。密支那机场的占领切断了日军的后援,使驻印军的增援部队和重型武器及时运到了前沿阵地,为缅北反攻的最后胜利奠定了坚实的基础。

此后,5307部队改制为第475步兵团,加入了由美国第124骑兵团、第612野战炮兵团和中国远征军第1步兵团联合组成的"战神"特遣部队,在缅北战场继续作战。

▲ 史迪威将军肖像
　档案来源：约翰·伊斯特布鲁克（John Easterbrook）

▲ 史迪威将军与弗兰克·D.梅里尔（Frank D. Merrill）准将。梅里尔将军指挥的部队以"梅里尔突击队"（Merrill's Marauders）闻名，这支队伍是进入缅北前线与日军作战的第一支美国地面部队。
档案来源：约翰·伊斯特布鲁克（John Easterbrook）

八、指挥"梅里尔突击队"　505

▲"梅里尔突击队"(Merrill's Marauders)共有3个营,每个营1000人,都是从西太平洋岛屿和加勒比海地区各部队抽调而来的有丛林作战经验的老兵。突击队的主要任务是在丛林中作远程偷袭。图为在缅甸诺邦(Naubum)飞机降落道,"梅里尔突击队"队员站在躺在担架上的受伤中国士兵旁,准备将伤员送上飞机。(1944年1月5日)
美军通信兵照片(编号:CBI-44-15948)
二等技术兵Wayne A. Martin拍摄
美驻印陆军部队公共关系部
美陆军部公共关系部官方发布
档案来源:美国国家档案馆(CBI Photos\RG 111-SC\Box 525\277381-277420 3796\SC-277393)

▲ 弗兰克·D.梅里尔（Frank D. Merrill）准将的突击队在盟军主攻方向的侧翼行动着，绕过丛林到达日本人的后方，拔掉日军为对付中国军队而建立的每一个阵地。整个战斗所需的军用品靠美国第14航空队实施降落伞空投来维持。图为飞机为"梅里尔突击队"（Merrill's Marauders）投放物资。（缅甸，1944年1月5日）
美军通信兵照片（编号：XX-15134）
第164摄影连五等技术兵Milton Koff拍摄
出自美驻印陆军部队公共关系部（1948年7月16日）
美陆军部公共关系部官方发布
档案来源：美国国家档案馆（CBI Photos\RG 111-SC\Box 525\277341-277380 3795\ SC-277377）

八、指挥"梅里尔突击队"　507

▲ 5307联合大队（即"梅里尔突击队"，Merrill's Marauders）A连在攻击宣新阳（Hsamshingyang）附近的碉堡时演习火箭炮射击。（缅甸，1944年1月11日）
美军通信兵照片（编号：XX-15133）
第164摄影连五等技术兵Milton Koff拍摄
出自美驻印陆军部队公共关系部（1948年7月16日）
美陆军部公共关系部官方发布
档案来源：美国国家档案馆（CBI Photos\RG 111-SC\Box 525\277341-277380 3795\SC-277380）

▲ 在宣新阳(Hsamshingyang)附近演习时，5307联合大队（即"梅里尔突击队"，Merrill's Marauders）C连战士手持喷火器和步枪，攻向一座碉堡。（1944年1月13日）
美军通信兵照片（编号：XX-15186）
第164摄影连五等技术兵Milton Koff拍摄
出自美驻印陆军部队公共关系部（1948年7月16日）
美陆军部公共关系部官方发布
档案来源：美国国家档案馆（CBI Photos\RG 111-SC\Box 525\277381-277420 3796\ SC-277381）

▲ 密支那(Myitkyina)城西郊、北郊各有一小型飞机着陆场,若占领密支那,从印度飞越喜马拉雅山"驼峰航线"的飞机就有较广阔的航线并增加安全系数;若把输油管延伸到此,可增加"驼峰航线"空运量;战略物资运到中国,让中国战场继续牵制住大量日军,以利盟军在太平洋上的反攻。因此,尽快占领密支那成为史迪威将军的重要战略目标之一。图为"梅里尔突击队"(Merrill's Marauders)B营部队渡过缅甸北部的钦敦江(Chindwin River)。(1944年3月4日)
美军通信兵照片(编号:CBI-XX-20939)
第164摄影连五等技术兵Milton Koff拍摄
出自驻印美军公共关系部(1948年8月17日)
美陆军部公共关系部官方发布
档案来源:美国国家档案馆(CBI Photos\RG 111-SC\Box 474\263221-263260\SC-263252)

▲ 英军在英帕尔(Imphal)的反攻消除了史迪威将军的后顾之忧,而雨季的即将来临将阻止部队的进一步前进。史迪威决定一方面让正面的中国部队越过山岭进入孟拱谷地(Mogaung Valley),进攻加迈(Kamaing),发起孟拱河谷战役;同时,秘密派遣一支突击部队穿过丛林奔袭密支那(Myitkyina)飞机场,为攻占密支那打下基础。图为史迪威将军(左)与弗兰克·D.梅里尔(Frank D. Merrill)准将在一起。(1944年3月28日)
美军通信兵照片(编号:23876-FA)
出自美战争信息办公室
档案来源:美国国家档案馆(Joseph W. Stilwell Photo\208-PU-1)

▲ "梅里尔突击队"(Merrill's Marauders)的队员在缅甸宣新阳(Hsamshingyang)附近为受伤的士兵们烤鹿肉。(1944年4月10日)
美军通信兵照片(编号:CBI-44-15915)
一等兵F. L. Andrews拍摄
出自美驻印陆军部队公共关系部(1948年7月16日)
美陆军部公共关系部官方发布
档案来源:美国国家档案馆(CBI Photos\RG 111-SC\Box 525\277381-277420 3796\ SC-277386)

▲ 在缅甸诺旁卡（Nphoun Ga, Burma）附近，美5307联合大队（即"梅里尔突击队"，Merrill's Marauders）巡逻员歼灭日军分队人员后，俘获一支轻机枪，几名士兵正在检查机枪，他们是：来自宾夕法尼亚州匹兹堡（Pittsburgh, PA）、联合大队E连的威尔伯·索普（Wilbur Thorpe）下士，来自纽约州克里门顿（Clementon, NY）、联合大队指挥组的约瑟夫·多伊尔（Joseph Doyer）军士长，来自马萨诸塞州梅德韦（Medway, MA）、联合大队二营指挥连的亨利·J.瑞克（Henry J. Recke）上士和来自俄亥俄州克利夫兰（Cleveland, OH）的山姆·F.纳比萨达（Sam F. Rapisarda）上士。（1944年4月15日）
美军通信兵照片（编号：CBI-44-15929）
David Lubin 中尉拍摄
出自美驻印陆军部队公共关系部（1948年7月16日）
美陆军部公共关系部官方发布
档案来源：美国国家档案馆（CBI Photos\RG 111-SC\525 Box\277381-277420 3796\SC-277388）

▲ 弗兰克·D.梅里尔(Frank D. Merrill)准将乘坐C-47飞机飞过北缅，C-47飞行人员将为部队投放物资，唐纳德·R.罗斯(Donald R. Ross)中士是这次飞行空投的负责人。(1944年4月16日)
Kayfetz 中士拍摄
美陆军部公共关系部官方发布
档案来源：美国国家档案馆(CBI Photos\RG 111-SC\Box 488\SC-267049)

▲ 史迪威将袭击密支那(Myitkyina)机场这次重大任务交给"梅里尔突击队"(Merrill's Marauders)挑头,执行突袭密支那行动的特遣队由1400名美军、4000名中国部队和600名克钦突击队(Kachin Rangers)组成。"梅里尔突击队"刚刚结束一场浴血奋战,已疲惫不堪,急需休整。他们中的一大半已因伤病撤下火线,原来的3000人只剩下1400人,且部队90天的行动于5月7日即将结束。尽管他们情绪低落、怒气冲天,但他们仍然忠实地执行史迪威将军的命令。图为"梅里尔突击队"队员沿着缅甸坚布(Khpam)丛林小道行走时,短暂停留休息。(1944年4月28日)
美军通信兵照片(编号:CBI-44-15965)
二等技术兵Wayne A. Martin拍摄
出自美驻印陆军部队公共关系部(1948年7月16日)
档案来源:美国国家档案馆(CBI Photos\RG 111-SC\Box 525\277381-277420 3796\SC-277397)

八、指挥"梅里尔突击队" 515

▲ 按照史迪威将军的命令,突击队必须用最快的速度、最短的时间穿插到密支那(Myit-kyina)附近地区。为了不让敌人觉察,他们必须穿越荒无人烟的库芒(Kumon)山区,尽可能减少一切不必要的行装,减少休息时间,在山间急速行军,部队所需的一些武器和给养物资在指定地点空投接济。图为美5307联合大队(即"梅里尔突击队",Merrill's Marauders)贝尔纳德·马丁(Bernard Martin)下士和一名中国士兵在缅甸坚布(Khpam)附近检查彼此的枪支。(1944年4月28日)
美国通信兵照片(编号:CBI-44-15959)
二等技术兵Wayne A. Martin拍摄
出自美驻印陆军部队公共关系部(1948年7月16日)
美陆军部公共关系部官方发布
档案来源:美国国家档案馆(CBI Photos\RG 111-SC\Box 525\277381-277420 3796\SC-277395)

▲ 这是一次在6000英尺高的山地上进行的60多英里①远的行军。史迪威将军希望对孟拱谷地（Mogaung Valley）的进攻会吸引日本人的注意力，突击队沿着当地土著居民指示的山间秘路艰难前行。山林里渺无人烟，只有毒蛇和成群的野兽，这些训练有素的中美突击队员一路攀悬崖、登峭壁、越深涧，很快适应了山区的行动。图为"梅里尔突击队"（Merrill's Marauders）的排长，来自马萨诸塞州波士顿（Boston,MA）的威廉·默里（William Murray）少尉拿着维持三天的口粮，将在弗兰克·D.梅里尔（Frank D. Merrill）准将的带领下在缅甸诺邦（Naubum, Burma）进行长途跋涉，去执行史迪威将军的奇袭密支那（Myitkyina）机场的任务。（1944年4月29日）
美军通信兵照片（编号：CBI-44-15947）
二等技术兵 Wayne A. Martin 拍摄
源自美驻印陆军部队公共关系部
美陆军部公共关系部官方发出
档案来源：美国国家档案馆（CBI Photos\RG 111-SC\Box 525\277381-277420 3796\SC-277392）

---

① "梅里尔突击队"成立后，从印度利多（Ledo, India）出发，步行100多英里，在缅甸汇合。随后，他们在缅甸丛林中辗转战斗几个月，因各支队袭击敌人路线不同，往返所行英里数有异，各支队分别跋涉600多英里、700多英里、800英里左右不等。为收复密支那，突击队步行60多英里，与中国驻印军组成中美联军，成功夺取密支那机场。本部分前后相关图片所涉及的英里数保留图片原始标记说明。

▲ 史迪威将军与"梅里尔突击队"(Merrill's Marauders)指挥官弗兰克·D.梅里尔(Frank D. Merrill)准将在缅甸某处中美部队师司令部见面。(1944年5月3日)
美军通信兵照片(编号:CBI-44-15978)
二等技术兵Wayne A. Martin拍摄
出自美陆军战争信息办公室
档案来源:美国国家档案馆(Joseph W. Stilwell Photo\208-PU-193 L)

▲ 史迪威将军下飞机，到达缅甸诺邦（Naubum, Burma）"梅里尔突击队"（Merrill's Marauders）总部，会见弗兰克·D.梅里尔（Frank D. Merrill）准将。（1944年5月4日）
美军通信兵照片（编号：CBI-44-15971）
二等技术兵 Wayne A. Martin 拍摄
出自美驻印陆军部队公共关系部（1948年7月16日）
档案来源：美国国家档案馆（CBI Photos\RG 111-SC\Box 525\277381-277420 3796\ SC-277399）

▲ 攻击密支那(Myitkyina)机场的日期定在5月17日,弗兰克·D.梅里尔(Frank D. Merrill)因心脏病发作不能指挥艰难的挺进行动,史迪威将军决定由查尔斯·亨特(Charles Hunter)上校直接指挥战斗。5月18日,史迪威与军事助手和新闻记者抵达密支那机场。在此以前,不仅日本人认为密支那是他们整个防御链条中最稳固的一环,英国人也认为中国军队目前无力攻占密支那,纵令攻占也难以确保胜利。然而过去的6个月中,史迪威毅然决策,率领驻印军深入缅境300英里,重创日军精锐部队第18师团,在乘胜进攻加迈(Kamaing)、孟拱(Mogaung)之际,又指挥中美联军取得奇袭密支那飞机场的成功。图为史迪威将军(左二)和亨特(左三)上校在密支那机场,"梅里尔突击队"(Merrill's Marauders)夺取机场后,日军狙击手不断对机场进行骚扰。(1944年5月18日)
出自美陆军战争信息办公室
档案来源:美国国家档案馆(Joseph W. Stilwell Photo\SC-111\208-PU-193S Burma)

▲ 查尔斯·亨特（Charles Hunter）上校指挥的H分队由美军一个营和中国第50师150团组成，经过15天急行军，终于率先走出库芒（Kumon）山区的崇山峻岭，到达距密支那（Myitkyina）只有数十英里的山林，向正在孟拱（Mogaung）焦急等待消息的史迪威发回了还有48小时到达的信号。图为"梅里尔突击队"（Merrill's Marauders）与中国部队联合行动，收复密支那机场后，史迪威将军（左二）抵达机场与"梅里尔突击队"查尔斯·亨特上校（左三）会面。（1944年5月）
美军通信兵照片（编号：51000-PPP）
二等技术兵 Wayne A. Martin 拍摄
美国斯坦福大学胡佛研究所档案馆存（Joseph W. Stilwell Collection）
档案来源：约翰·伊斯特布鲁克（John Easterbrook）

八、指挥"梅里尔突击队"　521

▲ 在缅北战地司令部,史迪威将军授予丛林作战的"梅里尔突击队"(Merrill's Marauders)指挥员弗兰克·D.梅里尔(Frank D. Merrill)准将荣誉军团勋章后,与其交谈。梅里尔将军手里拿着获得的勋章。"梅里尔突击队"经过4个月艰苦奋战,穿过600英里缅甸丛林,1944年5月17日中美联军三路围攻密支那(Myitkyina),收复日军占领的密支那机场。(1944年5月30日)
美军通信兵照片(编号:XX-988-PRO-23)
出自美陆军战争信息办公室(编号:27751-FA)
档案来源:美国国家档案馆(Joseph W. Stilwell Photo\208-PU-193L)

▲ 在缅北密支那（Myitkyina）机场，史迪威将军在弗兰克·D.梅里尔（Frank D. Merrill）的指挥部掩体内向外观望。(1944年6月1日)
美军通信兵照片（编号：CBI-44-21164）
W. C. Wales 中士拍摄
美陆军新闻检查办公室同意发布
美国斯坦福大学胡佛研究所档案馆存（Joseph W. Stilwell Collection）
档案来源：约翰·伊斯特布鲁克（John Easterbrook）

八、指挥"梅里尔突击队"　523

▲ 夺取密支那(Myitkyina)是中国抗战史上第一次也是唯一一次对日大规模空降作战。盟军飞机满载空降部队,神速地越过激战正酣的孟拱(Mogaung)前线,出其不意地劈向敌人后方的密支那机场。日军弃下大批尸体,退回密支那市区坚守。空降作战的极大成功,轰动了第二次世界大战的各个战场。欧洲盟军总司令艾森豪威尔(Dwight D. Eisenhower)将军最先派出一个观察小组飞往密支那总结经验。随后,盟军各战场军事观察员纷至沓来。图为史迪威将军正在与中美空降部队官员讨论收复日军占领的密支那城。空降部队在缅甸本地人的帮助下,出其不意地成功夺取了日军占领的机场。战斗后,部队既疲惫又充满成功完成任务的喜悦。从左至右:中美空降部队官员、弗兰克·D.梅里尔(Frank D. Merrill)准将(含烟嘴者)、背对镜头者为查尔斯·亨特(Charles Hunter)上校、史迪威将军、摄影师。(1944年6月11日)
美军通信兵照片(编号:W-726348)
美军战争信息办公室
档案来源:美国国家档案馆(Joseph W. Stilwell Photo\208-PU-103S)

▲ 1944年5月18日,密支那(Myitkyina)机场收复数小时后,史迪威将军与弗兰克·D.梅里尔(Frank D. Merrill)准将(中间面对镜头者)和其他美军官员在密支那机场交谈。为这次行动,"梅里尔突击队"(Merrill's Marauders)一路跋涉60多英里丛林,占领了密支那机场,史迪威将军飞抵机场,与梅尔将军等计划进攻机场附近的密支那城。密支那是日军重要通讯中心,实际上,中美联军已经切断了日军与其供给中心的联系。(1944年6月11日)
美军通信兵照片(编号:28817-FA)
档案来源:美国国家档案馆(Joseph W. Stilwell Photo\208-PU-193S Folder 3)

▲ 无论是缅北丛林还是云南战场,密支那(Myitkyina)必将成为敌我双方争夺的战略要地。对盟军来说,倘若不占领密支那,中印公路和输油管也无法畅通,"驼峰航线"的安全亦不能保证,史迪威在缅北的作战任务则无法进展;对日军来说,如果密支那失守,在云南和缅北的日军的侧背将打进楔子,进而导致北缅、滇西一带防线的破产。图为史迪威将军在缅甸密支那对"梅里尔突击队"(Merrill's Marauders)队员讲话。(1944年)
美军通信兵照片
档案来源:约翰·伊斯特布鲁克(John Easterbrook)

▲ 史迪威将军（右）与美陆军准将弗兰克·D.梅里尔（Frank D. Merrill）在缅北师司令部研究作战地图。(1944年6月20日)
美军通信兵照片（编号：CBI-44-15982）
源自美陆军战争信息办公室
档案来源：美国国家档案馆（Joseph W. Stilwell Photo\208-PU-193L）

八、指挥"梅里尔突击队"　527

▲ 史迪威将军(右边坐椅子者)与弗兰克·D.梅里尔(Frank D. Merrill)准将(左坐椅子者)在缅北史迪威将军前线指挥部举行室外记者招待会。记者招待会最大新闻是"梅里尔突击队"(Merrill's Marauders)最近的战绩。美军丛林部队刚在缅甸给予日军沉重打击。会上,史迪威将军将问题转给梅里尔:"让弗兰克回答你的问题。他是带领突击队打击日军的人。"左边离镜头最远者是史迪威将军的副官,来自夏威夷(Hawaii)的理查德·杨(Richard Young)上尉。(1944年)

档案来源:美国国家档案馆(Joseph W. Stilwell Photo\208-PU-103S Folder 2)

▲ 缅甸密支那（Myitkyina）特遣队"加拉哈德"（Galahad，即"梅里尔突击队"，Merrill's Marauders）第一营中士，来自伊利诺伊州布鲁福德市（Bluford, IL）的劳伦斯·C.埃勒（Lawrence C. Eller）展示当日早些时候从日军碉堡般坚固的战壕夺取的日本战旗。（1944年7月17日）
美军通信兵照片（编号：CBI-44-21318）
五等技术兵 Tom D. Amer 拍摄
美陆军部公共信息部发布
档案来源：美国国家档案馆（CBI Photos\RG 111-SC\Box 514\274301-274340 3720）

▲ "加拉哈德"(Galahad,即"梅里尔突击队",Merrill's Marauders)第3迫击炮向1925码射程内发射81毫米迫击炮弹,以掩蔽步行穿过稻田的部队。(缅甸密支那,1944年7月27日)
美军通信兵照片(编号:CBI-44-21411)
五等技术兵Tom D. Amer拍摄
美陆军部公共信息部发布
档案来源:美国国家档案馆(CBI Photos\RG 111-SC\Box 514\274301-274340 3720\SC-274336)

▲ "梅里尔突击队"(Merrill's Marauders)步兵与K-9警犬。前排从左至右：来自纽约州纽伯格(Newburg, NY)的皮特·弗雷德曼(Peter Fredman)下士、来自密执安州底特律市(Detroit, MI)的五等技术兵罗伯特·E.格洛斯(Robert E. Gross)、来自密苏里州内华达市(Nevada, MO)的五等技术兵德尔·V.阿姆斯特朗(Del V. Armstrong)、来自纽约州塔里城(Tarry Town, NY)的五等技术兵威玛·欧文(Wm Irving)、来自加州富勒顿(Fullerton, CA)的杰西·科万(Jessee Cowan)下士；后排从左至右：来自衣阿华州格里斯沃尔德市(Griswold, IA)的五等技术兵杰拉德·G.维斯顿(Gerald G. Weston)、来自伊利诺伊州格伦维尤(Glenview, IL)的五等技术兵瓦尔特·A.盖斯勒(Walter A. Gessler)、来自伊利诺伊州芝加哥(Chicago, IL)的五等技术兵约瑟夫·A.巴拉克(Joseph A. Balak)、来自衣阿华州拉波特城(La Porte City, IA)的二等兵罗素·P.梅斯纳尔(Russell P. Meszner)、来自德拉维尔州理查德森市(Richardson, DE)的五等技术兵加尔兰德·克拉克(Garland Clark)以及来自威斯康星州拉克罗斯的(La Crosse, WI)的肯尼斯·W.勒蒙(Kennith W. Remen)下士。有几条警犬在战斗中伤亡，有些正在执行任务。K-9警犬和它们的训练者附属于美军步兵部队"梅里尔突击队"，突击队为收复密支那(Myitkyina)而战，这些警犬在实际战斗中充分证明了自己的实力，得到所有相关人员的赞扬。(1944年9月2日)
美军通信兵照片(编号：CBI-44-16057)
五等技术兵Tom D. Amer拍摄
美陆军部公共信息部发布
档案来源：美国国家档案馆(CBI Photos\RG 111-SC\Box 514\274341-274380 3721\SC-274376)

八、指挥"梅里尔突击队"　531

▲ K-9警犬附属于美陆军"梅里尔突击队"(Merrill's Marauders),来自威斯康星州拉克罗斯的(La Crosse, WI)肯尼斯·W.勒蒙(Kenneth W. Remen)下士与警犬"伙伴"在一起。"伙伴"阻止了许多榴霰弹。若紫心勋章要颁发给K-9队的话,"伙伴"就应该有一枚。(缅甸,1944年9月2日)
美军通信兵照片(编号:CBI-44-16063)
五等技术兵Tom D. Amer拍摄
美陆军部公共信息部发布
档案来源:美国国家档案馆(CBI Photos\RG 111-SC\Box 514\274341-274380 3721\SC-274379)

▲ 来自伊利诺伊州杰克逊维尔（Jacksonville, IL）的二等兵詹姆斯·C.赫内塞（James C. Hennessey）与其宠物猴"埃利诺"（Eleanor）在一起。詹姆斯与"梅里尔突击队"（Merrill's Marauders）带着一只叫"富兰克林"（Franklin）的小狗在穿过缅北丛林的行军途中捉到这只猴子，小狗和猴子都在缅甸密支那（Myitkyina, Burma）接受了免疫注射。（1944年12月6日）
美军通信兵照片（编号：CBI-H-44-65656）
五等技术兵Tom D. Amer拍摄
档案来源：美国国家档案馆（CBI Photos\RG 111-SC\Box 249\200194-200233 1861\ SC-276784）

九、赢得第二次缅甸战役

抗日战争中,中国军队与盟军先后进行了两次缅甸战役。第一次(1942年1—5月)为防守缅甸,第二次(1943年12月—1945年3月)是反攻缅甸。从第一次缅甸战役失败撤退到印度,史迪威将军就发誓把反攻缅甸作为自己的首要目标。担负缅北地区防务的日军凶恶强势,中、英、美很多高官认为进攻可能失利。而史迪威将军对中国士兵的勇敢坚信不疑,对反攻缅北(第二次缅甸战役)充满信心。他力排众议、呕心沥血、训练军队、身先士卒,投入大量时间和精力策划反攻缅甸,终于在1944年夏扭转战局,奠定了最后胜利的基础。

缅北战役是一场关系到中国抗战前途和太平洋战争全局的激烈争夺战,即将发动的缅北反攻将要翻越野人山(Naga Hill),穿过胡康河谷(Hukawng Valley)和孟拱河谷(Mogaung Valley),到达缅北重镇密支那(Myitkyina),然后向云南的中国边界推进,从而解除日军的封锁。它既不同于欧美的平原作战,也不同于中国的山地作战,是人类历史上极为艰险的丛林战。

担负缅北地区防务的是日军第18师团,该师团在越南接受过森林战术的特别训练,享有"常胜师团"和"丛林作战之王"的盛名。中国驻印军新编第1军新编第38师和新编第22师担任这一时期作战主力,部分美军和英军突击队也陆续参加了战斗。此战无固定的供应线,只依靠空投,穿越丛林、沼泽和山地,目的是要征服一个技术熟练、有防御准备的绝望之敌。

揭开反攻序幕的是胡康河谷战役。从1943年3月开始发动,到1944年3月攻克孟关(Maingkwan),扫清通往孟拱河谷的道路为止,历时1年。经历临宾(Ningbyen)、于邦(Yupbang)、太白家(Taihpea Ga)、太洛(Tairo)、孟关、瓦鲁班(Walabum)、间布(Khpum Ga)山隘、沙杜渣(Shaduzup)等大小战役10余次,几乎全是运用迂回进攻的丛林战术取胜。这是中国驻印军出征缅北的首次大捷,重新装备的中国驻印军已成为一支不可忽视的力量。

孟拱河谷战役自1944年4月发起至7月止,经历了3个月时间,攻克英开塘(Inkangahtawng)、西通(Seton)、马拉高(Malakawng)、支遵(Zigyun)等敌据点数十个,攻占加迈(Kamaing)、孟拱两大城镇,打通加迈、孟拱、密支那一线的公路和铁路,使整个缅北战局为之一新,驻印军在缅北掌握了决定性的有利的军事态势。1944年8月5日,中、美部队攻占密支那(Myitkyina),中国军队在缅北、滇西的作战连成一气,完全掌握了缅北地区的战略主动权,导致日军在缅北、滇西的作战体系全面崩溃,为反攻的胜利奠定了牢实的基础。

为调动中国指挥官们的积极性,消除他们与日军作战时的自卑心理,史迪威将军总是在每次战斗中让他们在人数上超过敌人。他常常亲临前线视察,用授勋、表扬、在报上刊登照片,以及各种宣传方式鼓舞士气,推动缅甸攻势的进行。作为军事作战的总指挥,他统率全局,确保了整个战区各个系统的协调有序运作,后勤补给、医疗设施、通讯运输、宣传娱乐等及时到位,为缅北反攻的胜利创造了条件。

（一）反攻部署

▲ 史迪威返回美国华盛顿特区（Washington DC）参加战争会议。（1943年5月）
出自美战争信息办公室
档案来源：美国国家档案馆（Joseph W. Stilwell Photo\208-PU-193A-1）

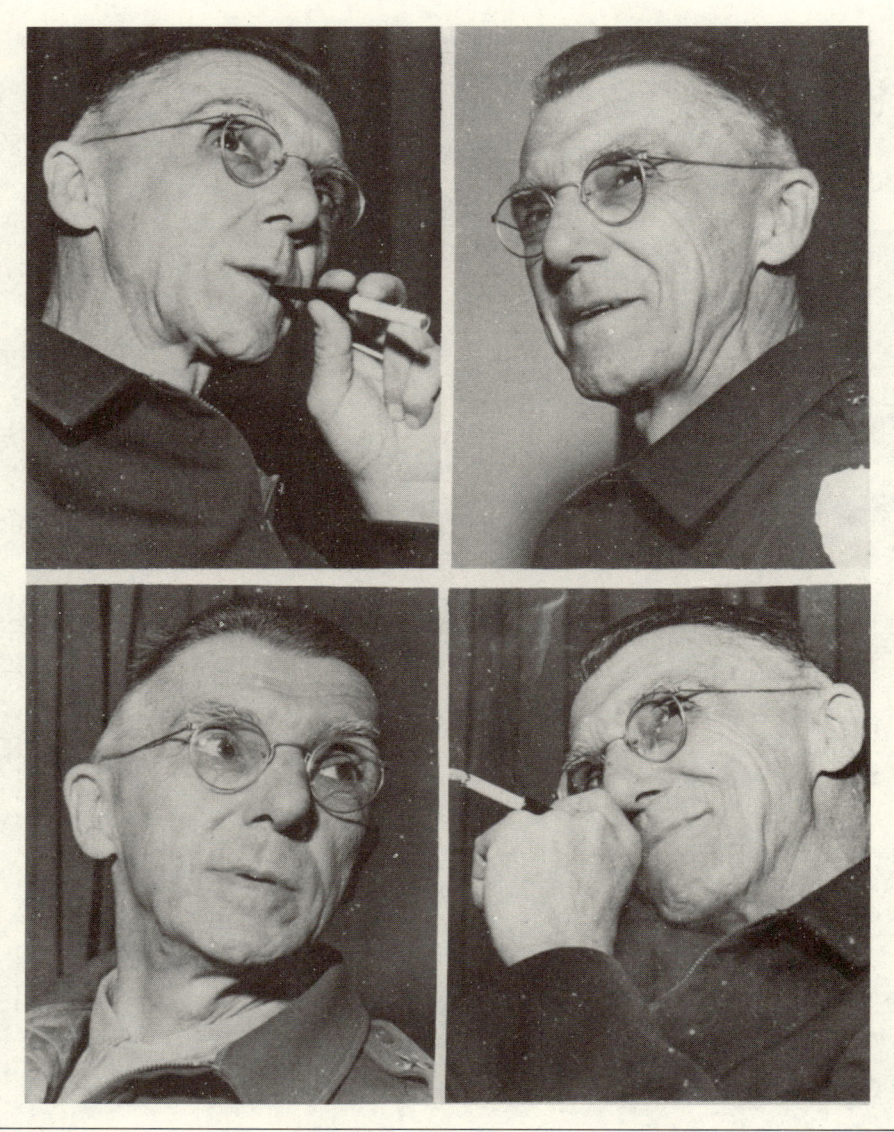

▲ 1943年1月17日，史迪威将军在印度新闻发布会上。第一次入缅作战失败后，史迪威即着手制订收复缅甸的"人猿泰山"行动计划，并正式向蒋介石递交了一份备忘录。他周旋于中、美、英的决策者之间，希望得到他们的认可和支持；他用美式武器装备并训练撤退到印度的中国军队，下决心把他们训练成"林中之虎"；他往返于重庆、美国和东南亚指挥部，参加各种会议、新闻发布会，会晤有关人员，频繁地与参加战斗的指挥官们见面，讨论缅北反攻的路线和战略战术；他依靠勇敢善战、强烈反日的克钦游击队（Kachin Rangers），用无线电探明敌人踪迹，为缅北部队当向导，炸毁敌人的火车和桥梁，歼灭掉队的日本散兵。

档案来源：美国国家档案馆（Joseph W. Stilwell Photo\208-PU-193S Folder 3）

▲ 史迪威将军（中间，穿背心者）在中国重庆与其他美军官兵在一起，史迪威左边站立者为约翰·戴维斯（John Davies），前排左一戴眼镜者为将军的儿子小约瑟夫·W.史迪威（Joseph W. Stilwell, Jr.）中校。（1943年4月）
出自陆军战争信息办公室
档案来源：美国国家档案馆（Joseph W. Stilwell Photo\208-PU-192-M-7）

▲ 史迪威将军在华盛顿特区（Washington DC）参加会议后返回中国途中飞抵开罗。在开罗期间，史迪威将军与中东的美国部队司令刘易斯·H.布里尔顿（Lewis H. Brereton）少将会谈。谈到将来，史迪威说："你可以确定，华盛顿拟定的计划完全恰当。我相信他们涉及的范围将满足那些强烈要求采取及时、有力、进攻行动的人们。"（1943年6月5日）
美第9空军部队照片
档案来源：美国国家档案馆（Joseph W. Stilwell Photo\208-PU-193Q Egypt）

▲ 中缅印战区美军总司令史迪威将军与美联社记者托比·维恩特(Toby Wiant)。(印度,1943年7月29日)
档案来源:东方IC

▲ 史迪威将军在华盛顿特区(Washington DC)参加会议后返回中国途中飞抵开罗。在开罗期间,史迪威将军与在中东的美国部队司令刘易斯·H.布里尔顿(Lewis H. Brereton)少将会晤。(1943年6月5日)
美第9空军部队照片
档案来源:美国国家档案馆(Joseph W. Stilwell Photo\208-PU-193Q Egypt)

▲ 史迪威将军的儿子小约瑟夫·W.史迪威（Joseph W. Stilwell, Jr.）中校（左一）迎接父亲史迪威将军（左二）从美国返回中缅印战区。史迪威将军乘飞机快速、频繁地与其所指挥战区的官员们会面。（1943年6月）
美陆军官方照片
档案来源：美国国家档案馆（Joseph W. Stilwell Photo\208-PU-193 S-17）

▲ 中美战地记者乘坐史迪威将军的专机,他们有趣的故事逗乐了史迪威将军。图中从左至右:合众国际社的罗伯特"辣椒"马丁,史迪威将军,前戏剧评论家、时任《纽约时报》战地记者的布鲁克斯·阿特金森(Brooks Atkinson),比尔·伯金(Bill Bergin)准将,《时代周刊》的特德·怀特(Teddy White,坐地板者)记者,夏威夷出生的中国中央新闻社记者诺曼·宋(Norman Soong),他刚从萨尔温江(Salween River)前线回来。史迪威将军经常出其不意飞往各军事基地视察,与其下属官员短暂见面交流后,又前往下一个基地,几天的行程可覆盖中缅印战区广阔区域。(1943年8月16日)
档案来源:美国国家档案馆(Joseph W. Stilwell Photo\208-PU-193H)

▲ 史迪威将军在印度机场迎接美陆军中将布里恩·B.萨默维尔（Brehon B. Somervell），与联军其他官员相会印度。（1943年10月26日）
美陆军官方照片
档案来源：美国国家档案馆（Joseph W. Stilwell Photo\208-PU-193S Folder 3）

▲ 1943年11月7日,在印度史迪威将军司令部,史迪威将军(中)与缅甸前线中国部队指挥官。从左至右:中国部队将军孙立人、史迪威将军、史迪威将军的参谋长海顿·L.波特纳(Haydon L. Boatner)准将。波特纳将军在近期缅北反攻中指挥中国军队,在印度组成的中国部队由美军装备并训练。(1943年11月7日)
美军官方发布
档案来源:美国国家档案馆(Joseph W. Stilwell Photo\208-PU-193R Stilwell India)

▲ 美军培训的中国部队新编第22师总指挥廖耀湘少将与副总指挥李涛少将,走出防空壕,在地图上商谈军事行动。(1944年2月21日)
美军通信兵照片(编号:CBI-XX-20741)
五等技术兵Clare W. Leipnitz拍摄
驻印美军公共关系部发布(1948年8月17日)
档案来源:美国国家档案馆(CBI Photos\RG 111-SC\Box 474\263221-263260\SC-263233)

▲ 中国新编第22师的工程兵在缅甸胡康河谷(Hukawng Valley, Burma)的河上修筑一座步行桥。(1944年2月22日)
美军通信兵照片(编号:CBI-XX-20735)
五等技术兵 Clare W. Leipnitz 拍摄
驻印美军公共关系部发布(1948年8月17日)
档案来源:美国国家档案馆(CBI Photos\RG 111-SC\Box 474\263221-263260\SC-263234)

▲ 中国士兵住进丛林中营地前清除周围树枝。(1944年)
档案来源：美国斯坦福大学胡佛研究所档案馆（Joseph W. Stilwell Collection\Box 111\51001-9.18\J.W. Stilwell 51001-10 A-V）

▲ 史迪威将军正在检查美军训练的中国部队在缅北的推进情况,并与所属的师长廖耀湘讨论在缅北打退日军计划。左边站立者为史迪威将军的副官,来自夏威夷的上尉理查德·杨(Richard Young)。(1944年3月7日)
美联社照片
美国国家档案馆存(Joseph W. Stilwell Photo\208 PU-193S-24)
档案来源:东方IC

▲ 史迪威将军在缅甸与廖耀湘师长研究战役。(1944年)
档案来源：约翰·伊斯特布鲁克（John Easterbrook）

▲ 史迪威将军与来自华盛顿特区(Washington DC)的罗斯维尔·H.布朗(Rothwell H. Brown)上校、中国师师长廖耀湘研究联合作战进度。美军训练的中国师正逐渐将日军赶出缅甸。(1944年3月9日)
美军通信兵照片(编号：XX 20944)
五等技术兵Clare W. Leipnitz拍摄
美陆军战争信息办公室
档案来源：美国国家档案馆(Joseph W. Stilwell Photo\208-PU-193J)

九、赢得第二次缅甸战役　551

▲ 在缅甸前线,史迪威将军与来访的东南亚盟军总司令路易斯·蒙巴顿勋爵(Lord Louis Mountbatten)交谈。
美军通信兵照片(编号:XX-20857)
档案来源:东方IC

▲ 史迪威将军与正在缅北访问的东南亚战区盟军总司令路易斯·蒙巴顿勋爵（Lord Louis Mountbatten）交谈。(1944年3月6日)
出自美军中缅印后方指挥部
美陆军中缅印新闻检查办公室 Noel J. Cipriano 签署发布
档案来源：约翰·伊斯特布鲁克（John Easterbrook）

▲ 史迪威将军与路易期·蒙巴顿勋爵(Lord Louis Mountbatten)交谈。蒙巴顿勋爵于1944年3月6—7日访问缅北。(1944年3月)
美军通信兵照片
档案来源：约翰·伊斯特布鲁克(John Easterbrook)

▲ 史迪威将军与路易斯·蒙巴顿勋爵(Lord Louis Mountbatten)在缅甸。
档案来源：约翰·伊斯特布鲁克(John Easterbrook)

九、赢得第二次缅甸战役   555

▲ 史迪威将军与路易斯·蒙巴顿勋爵（Lord Louis Mountbatten）在缅北。（1944年）
美军通信兵照片
档案来源：约翰·伊斯特布鲁克（John Easterbrook）

▲ 史迪威将军（左二）与新编第38师师长孙立人中将（左一）、新编第22师师长廖耀湘少将（左三）一边查看丁霍萨卡斯（Tinghauk Sakas）的地图，一边讨论该地区中国军队正在进行的作战情况。史迪威将军指挥两个美军训练的中国师把日军赶出缅甸。（1944年3月29日）
美军通信兵照片（编号：CBI-44-21060）
五等技术兵 Clare W. Leipnitz 拍摄
出自美陆军战争信息办公室
美国陆军新闻检查办公室同意发布
档案来源：美国国家档案馆（Joseph W. Stilwell Photo\2008-PU-193J Burma）

九、赢得第二次缅甸战役　　557

▲ 廖耀湘（左二）为史迪威将军标记出不久前与日军交战的地点，廖耀湘右边为孙立人，后面站立者是欧尼斯特·弗雷德·伊斯特布鲁克（Ernest Fred Easterbrook，史迪威将军的女婿）上校，站在廖耀湘左侧为史迪威将军的副官理查德·杨（Richard Young）上尉。（缅甸，1944年3月）
美军通信兵照片
出自美陆军战争信息办公室
档案来源：美国国家档案馆（Joseph W. Stilwell Photo\208–PU–193K–1 Burma）

▲ 1944年4月1日，罗斯维尔·H.布朗（Rothwell H. Brown）上校（左三）向史迪威将军（左一）报告坦克部队与日军交战情况，布朗上校负责坦克装备，左二为史迪威将军副官理查德·杨（Richard Young）上尉。（1944年4月1日）
档案来源：美国国家档案馆（Joseph W. Stilwell Photo\208-PU-193H）

▲ 史迪威将军（左一）与中国新编第 22 师师长廖耀湘（左二）讨论位于孟关（Maingkwan）东南部瓦劳本（Walawbum）阶段战役，新编第 22 师通过孟关赴瓦劳本，廖耀湘师长认真倾听史迪威将军描述军事行动，中美部队在此战役中给予缅甸的日军沉重打击。(1944 年 4 月 1 日)
档案来源：美国国家档案馆（Joseph W. Stilwell Photo\208-PU-193S Folder 3）

▲ 史迪威将军（左二）在缅甸与廖耀湘将军（左一）讨论中美部队缅北推进路线，至1944年3月，史迪威将军指挥的中美联军在缅北反击中，已经消灭了5000名日军。（1944年4月6日）
美联社照片
美陆军官方发布（编号：24355-FA）
美国国家档案馆存（Joseph W. Stilwell Photo\208-PU-193S-30）
档案来源：东方IC

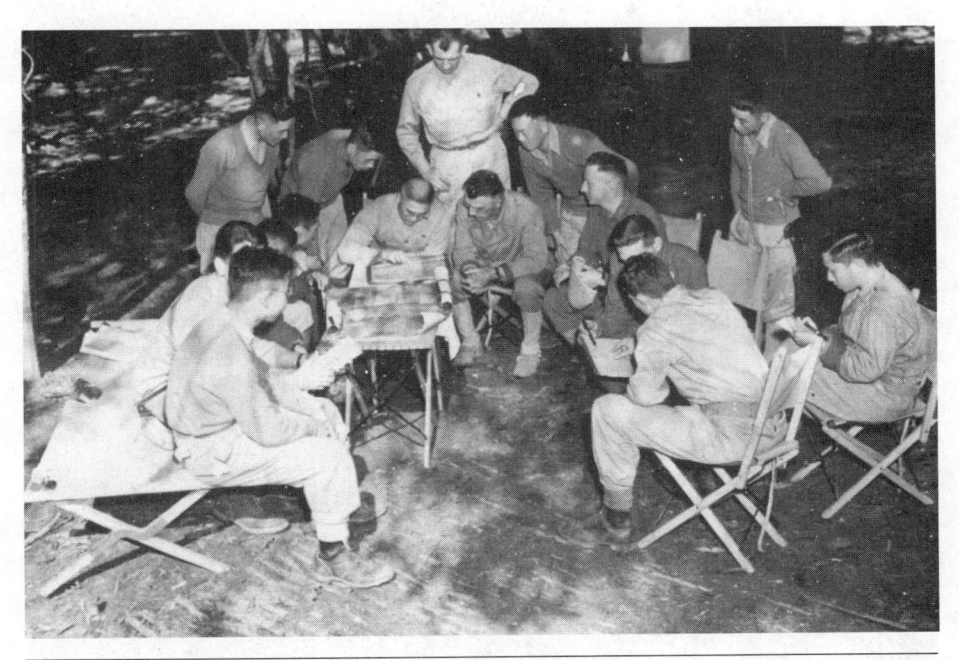

▲ 史迪威将军（正中）与中国陆军师长廖耀湘（指地图者）在中美军官参谋会上讨论进攻缅北前线的计划。在该地区，中美联军共同击敌。（1944年4月10日）
美军通信兵照片（编号：24346-FA）
美陆军官方同意发布
档案来源：美国国家档案馆（Joseph W. Stilwell Photo\208 PU-193-S-24）

▲ 史迪威将军在缅北研究作战地图。从左至右：奥尔夫（Wolfe）准将、乔治·斯特拉特迈耶（George Stratemeyer）少将、史迪威将军。（1944年4月17日）
美军通信兵照片
档案来源：约翰·伊斯特布鲁克（John Easterbrook）

▲ 史迪威将军在缅北研讨战况。从左至右：乔治·斯特拉特迈耶（George Stratemeyer）少将、史迪威将军、奥尔夫（Wolfe）准将。（1944年4月17日）
档案来源：约翰·伊斯特布鲁克（John Easterbrook）

▲ 史迪威将军（左三）与其儿子小约瑟夫·W.史迪威（Joseph W. Stilwell, Jr.）中校（左一），史迪威将军副官、夏威夷出生的理查德·杨（Richard Young，左二）上尉在缅北某处路边交谈。有其父必有其子，小乔嘴含烟嘴的姿势如其父亲，小约瑟夫·W.史迪威为一名情报官员。（1944年4月）

档案来源：美国国家档案馆（Joseph W. Stilwell Photo\208-PU-193S Folder 3）

九、赢得第二次缅甸战役　565

▲ 史迪威将军在中国空军基地受到弗兰克·多恩(Frank Dorn)准将热忱迎接。(1944年6月6日)
美军通信兵照片(编号:CBI-44-28355)
La Rue拍摄
出自美陆军战争信息办公室
档案来源:美国国家档案馆(Joseph W. Stilwell Photo\208-PU-192 M-4)

▲ 史迪威将军和他的两名中国助手孙立人和廖耀湘在放下的吉普车挡风玻璃上研究地图。从左至右：孙立人将军、史迪威将军、廖耀湘将军。
出自美陆军战争信息办公室
档案来源：美国国家档案馆（Joseph W. Stilwell Photo\2008-PU-193J）

九、赢得第二次缅甸战役　567

▲ 史迪威将军的汉语知识和口语能力使他能在战场上与联军指挥员一起解决问题。图为史迪威将军与中国远征军第50师师长潘裕昆将军在密支那（Myitkyina）。（1944年7月15日）
美军通信兵照片（编号：CBI-44-21722）
第164摄影连四等技术兵Warren A. Boecklen拍摄
档案来源：美国国家档案馆（CBI Photos\RG 111-SC\Box 472\262501—262540 3425\ SC-262525）

▲ 缅甸战役需要中美军队密切合作，图为史迪威将军与中国远征军新编第1军第30师师长胡素在密支那（Myitkyina）前线交谈。（1944年7月16日）
美军通信兵照片（编号：CBI-44-21724）
第164摄影连四等技术兵 Warren A. Boecklen 拍摄
档案来源：美国国家档案馆（CBI Photos\RG 111-SC\Box 472\262501-262540 3425\SC-262523）

▲ 茶杯下面的地图实际上很大，上面标记着缅甸作战部队调遣计划，史迪威将军与其儿子小约瑟夫·W.史迪威（Joseph W. Stilwell, Jr.）中校、中国远征军新编第1军第30师师长胡素和中国远征军第88师团级指挥官杨奕上校交谈。（缅甸密支那，1944年7月16日）
美军通信兵照片（编号：CBI-44-21721）
第164摄影连四等技术兵 Warren A. Boecklen 拍摄
档案来源：美国国家档案馆（CBI Photos\RG 111-SC\Box 472\262501-262540 3425\SC-262524）

▲ 进行实战以前，史迪威将军与前线部队在一起。（1944年7月18日）
美军通信兵照片（编号：CBI-44-21734）
第164摄影连四等技术兵 Warren A. Boecklen 拍摄
出自美陆军公共信息部
档案来源：美国国家档案馆（CBI Photos\RG 111-SC\Box 472\262501-262540 3425\SC-262527）

▲ 美军官员正在研究战情地图。从左至右：来自俄亥俄州克利夫兰市(Cleveland, OH)的托马斯·S.阿姆斯(Thomas S. Arms)准将、来自加州洛杉矶市(Los Angeles, CA)的威廉·L.奥斯博恩(William L. Osborne)中校、来自怀俄明州夏延市(Cheyenne, WY)的查尔斯·亨特(Charles Hunter)上校、来自伊利诺伊州莫利纳市(Moline, IL)的克里斯·S.卡帕斯(Chris S. Kappas)，奥斯博恩中校是1942年从巴丹(Bataan)逃出的官员之一。(缅甸密支那，1944年7月27日)
美军通信兵照片(编号：CBI-44-21430)
五等技术兵Tom D. Amer 拍摄
美陆军部公共信息部发布
档案来源：美国国家档案馆(CBI Photos\RG 111-SC\Box 514\274301-274340 3720\SC-274332)

▲ 来自阿拉斯加州安克雷奇(Anchorage, AK)的一等兵埃德温·L.拉森(Edwin L. Larsen)是装甲侦察兵,他远离家乡,时刻准备战斗。(1944年8月6日)
美军通信兵照片(编号:ETO-HQ-44-10351)
第164摄影连拍摄
美陆军部公共关系部发布(1944年8月17日)
档案来源:美国国家档案馆(CBI Photos\RG 111-SC\Box 412\245701-245740 3005\SC 245733)

九、赢得第二次缅甸战役 573

▲ 西奥多·F.维塞尔斯(Theodore F. Wessels)准将为缅甸密支那(Myitkyina)坦克指挥员。(1944年8月7日)
美军通信兵照片(编号：CBI-44-30967)
美陆军一等兵Louis W. Raczkowski拍摄
驻印美军公共关系部发布(1948年8月11日)
档案来源：美国国家档案馆(CBI Photos\RG 111-SC\Box 474\263141-263180 3441\ SC-263841)

▲ 史迪威将军在位于锡兰康提(Kandy, Ceylon)的东南亚指挥部。(1944年)
美陆军Paul L. Jones少校拍摄
档案来源：美国斯坦福大学胡佛研究所档案馆(Paul L. Jones\Box 4\80149-214.02\4.11)

▲ 史迪威将军与海顿·L.波特纳（Haydon L. Boatner）将军在缅北丛林中的司令部。
（1944年）
美军通信兵照片（编号：80149.26.02 G）
档案来源：美国斯坦福大学胡佛研究所档案馆（Paul L. Jones Collection）

▲ 史迪威将军与中国远征军新编第22师的联络官卡尔敦·史密斯(Carlton Smith)上校。(1944年)
美军通信兵照片
档案来源:约翰·伊斯特布鲁克(John Easterbrook)

▲ 史迪威将军在印度一机场。
档案来源：约翰·伊斯特布鲁克（John Easterbrook）

▲ 史迪威将军在印度。
美陆军新闻检查办公室中缅印战区
档案来源：约翰·伊斯特布鲁克（John Easterbrook）

九、赢得第二次缅甸战役　579

▲ 史迪威将军在缅甸。
出自美陆军战争信息办公室（编号：23376-FA）
档案来源：美国国家档案馆（Joseph W. Stilwell Photo\208-PU-193J-2）

▲ 第一师的中国将官与该师的美国联络官。(1944年9月15日)
美军通信兵照片(编号:CBI-44-60473)
第164摄影连五等技术兵 W. E. Shemorry 拍摄
出自美陆军部公共关系部
档案来源:美国国家档案馆(CBI Photos\RG 111-SC\Box 345\226937-226976 2534\ SC-226946)

九、赢得第二次缅甸战役 581

▲ 中国新编第1军军长孙立人中将在印度利多（Ledo, India）3号前方战区刘易斯·皮克（Lewis Pick）将军司令部与皮克准将见面。1943年初，当美、英军政领导人刚刚批准反攻缅甸的"安纳吉姆"（ANAKIM）计划时，史迪威便不失时机地任命孙立人将军为前线司令官，担任消灭盘踞在野人山（Naga Hill）及胡康河谷（Hukawng Valley）之敌，掩护修筑首段中印公路的任务，为缅北反攻奠定了坚实的基础。（1944年9月30日）
美军通信兵照片（编号：CBI-44-23558）
Neubacher 中士拍摄
出自美驻印陆军部队公共关系部（1948年7月23日）
美陆军部公共关系部官方发布
档案来源：美国国家档案馆（CBI Photos\RG 111-SC\Box 515\274501-274540 3724\ SC-274530）

▲ 史迪威将军与东南亚盟军总司令路易斯·蒙巴顿勋爵（Lord Louis Mountbatten）交谈。(缅北，1944年9月)
档案来源：东方IC

（二）亲临前线

▲ 史迪威将军在缅北,这是一张史迪威典型形象照片。他常身穿战士服,背一支卡宾枪,森林刀、手榴弹、背包样样齐全,像一个不知疲倦的老兵,出没在前线指挥所和阵地战壕。(1944年)
美军通信兵照片(编号:51001-10A.V)
美国斯坦福大学胡佛研究所档案馆存(Joseph W. Stilwell Collection)
档案来源:约翰·伊斯特布鲁克(John Easterbrook)

▲ 鸟瞰位于利多公路(Ledo Road)5½英里标记处的海顿·L.波特纳(Haydon L. Boatner)准将的作战部队司令部。(1943年11月)

美军通信兵照片(编号：CBI-XX-20074)

四等技术兵Palinkas 拍摄

美陆军部公共信息部发布

档案来源：美国国家档案馆(CBI Photos\RG 111-SC\Box 514\274221-274260 3718\SC-274246)

▲ 史迪威将军在缅甸沙杜渣（Shaduzup, Burma）以南约15英里处休息。从左至右：卡斯滕斯（Castens）少校、史迪威将军、战地记者杰克·贝尔登（Jack Belden）。
美军通信兵照片（编号：51001-HHH）
Neubacher 中士拍摄
美国斯坦福大学胡佛研究所档案馆存（Joseph W. Stilwell Collection）
档案来源：约翰·伊斯特布鲁克（John Easterbrook）

▲ 史迪威将军在圣诞节排队取晚餐，排在后面戴眼镜者为戈登·S.西格雷夫（Gordon S. Seagrave）医生。（1943年12月23日）
美军通信兵照片（编号：XX-20167）
五等技术兵 Clare W. Leipnitz 拍摄
出自美陆军战争信息办公室
档案来源：美国国家档案馆（Joseph W. Stilwell Photo\208-PU-103S Folder 2）

▲ 史迪威将军在缅甸临干萨坎(Ningam Sakan, Burma)与官兵一起吃圣诞晚餐,他很喜欢美味的烤猪肉。(1943年12月23日)
美军通信兵照片
五等技术兵 Clare W. Leipnitz 拍摄
出自美陆军战争信息办公室
档案来源:美国国家档案馆(Joseph W. Stilwell Photo\208-PU-193 A-3)

▲ 史迪威将军与中国部队官员讨论进攻计划，将军旁边是其副官理查德·杨（Richard Young）上尉。(1943年12月24日)
美军通信兵照片
三等技术兵Grigg拍摄
档案来源：约翰·伊斯特布鲁克（John Easterbrook）

▲ 史迪威将军在缅甸临干萨坎（Ningam Sakan, Burma）。（1943年12月24日）
美军通信兵照片（编号：CBI-XX-20190）
三等技术兵Grigg拍摄
美陆军部公共信息部发布
档案来源：美国国家档案馆（CBI Photos\RG 111-SC\Box 514\274221-274260 3718\SC-274245）

▲ 史迪威将军亲临前线，哪里打得最激烈、形势最危急，他便赶到哪里，推动缅甸反攻。图为史迪威将军与中国远征军新编第38师师长孙立人在缅甸临干萨坎（Ningam Sakan, Burma）。（1943年12月24日）
美军通信兵照片（编号：CBI-XX-20187）
三等技术兵Grigg拍摄
美陆军部公共信息部发布
档案来源：美国国家档案馆（CBI Photos\RG 111-SC\Box 514\274221-274260 3718\SC-274247）

▲ 在缅甸临干萨坎（Ningam Sakan, Burma）史迪威将军在圣诞节早上打开自己的"C"份额的早餐罐头。（1943年12月25日）

美军通信兵照片（编号：CBI-XX-20186）

三等技术兵Grigg拍摄

美陆军部公共信息部发布

档案来源：美国国家档案馆（CBI Photos\RG 111-SC\Box 514\274221-274260 3718\SC-274248）

▲ 在缅甸临干萨坎（Ningam Sakan, Burma）圣诞节早上，史迪威将军享受圣诞早餐。（1943年12月25日）
美军通信兵照片（编号：CBI-XX-20185）
三等技术兵Grigg拍摄
美陆军部公共信息部发布
档案来源：美国国家档案馆（CBI Photos\RG 111-SC\Box 514\274221-274260 3718\SC-274249）

九、赢得第二次缅甸战役　593

▲ 1943年10月29日,新编第38师112团一举攻占了胡康河谷(Hukawng Valley)前沿阵地新平洋(Shingbwiyang)和大洛(Taro)西北战略要地瓦南关(Walawbum)。年底,驻印军主力突破险峻的野人山(Naga Hill),到达新平洋。炮兵团、战车队、野战医院、史迪威总部也相继抵达新平洋。图为史迪威将军与贾斯珀·贝尔(Jasper Bell)上校在新平洋讨论新的战场。贝尔上校来自加州圣塔巴巴拉(Santa Barbara, CA)。(1943年12月30日)
美军通信兵照片(编号:XX-20316)
三等技术兵Grigg拍摄
档案来源:约翰·伊斯特布鲁克(John Easterbrook)

▲ 史迪威将军在缅北。1944年1月7日,史迪威将军访问114团时遭受炮火攻击,躲避在隐蔽处,以免受伤。从左至右:国际新闻社的詹姆斯·E.布朗(James E. Brown)、美联社的托比·维恩特(Toby Wiant)、史迪威将军、美联社的达内尔·博里根(Darrell Berrigan,图片中脸部未显出)。(1944年1月7日)
档案来源:约翰·伊斯特布鲁克(John Easterbrook)

▲ 史迪威将军与美联社记者托比·维恩特（Toby Wiant）及战士们在战壕中。（缅北，1944年1月17日）
档案来源：东方IC

▲ 史迪威将军在吉普车上等候飞机回到基地,他常常这样往返前线,1943年12月中旬长时间在前线停留。(1944年1月20日)
美军通信兵照片
三等技术兵Grigg拍摄
出自美陆军战争信息办公室(编号:27211-FA)
档案来源:美国国家档案馆(Joseph W. Stilwell Photo\208-PU-193J)

▲ 每天清晨,他都要步行数小时去团一级的指挥所查看。一路上,他仔细研究并记住一些小路的走向、地形特征和村庄的分布;晚上便在微弱的灯光下绘制地图,并在图边注明部队每一个行动和每一次战斗的情况。图为在缅北中美联军前线期间,史迪威将军肩挎卡宾枪沿着丛林小道前行,去视察该地区正在与日军作战的中国部队。(1944年2月14日)
出自美陆军战争信息办公室
档案来源:美国国家档案馆(Joseph W. Stilwell Photo\2008-PU-193 J)

▲ 史迪威在前线建立了临时指挥所，一只粗木箱成了他的办公桌，两根柳条编成的椅子是"室"内仅有的奢侈品，一个钢盔就是洗脸用具，吃饭则与其他人一起排队，从一个大饭桶里盛起与普通士兵相同的饭菜。图为史迪威将军在位于缅甸太白家（Taihpa Ga, Burma）的前线指挥部休息。（1944年2月23日）
美军通信兵照片（编号：CBI-XX-20718）
三等技术兵Grigg拍摄
美陆军部公共关系部发布（1948年8月17日）
档案来源：美国国家档案馆（CBI Photos\RG 111-SC\Box 474\263221-263260\SC-263235）

九、赢得第二次缅甸战役 599

▲ 史迪威将军在缅北。（1944年2月）
美军通信兵照片
出自美军中缅印后方指挥部（编号：Roll No.3）
美陆军中缅印新闻检查办公室 Noel J. Cipriano 签署发布
档案来源：约翰·伊斯特布鲁克（John Easterbrook）

▲ 史迪威将军在缅北。(1944年2月)
美军通信兵照片
出自美军中缅印后方指挥部（编号：Roll No.4）
美陆军中缅印新闻检查办公室 Noel J. Cipriano 签署发布
档案来源：约翰·伊斯特布鲁克（John Easterbrook）

九、赢得第二次缅甸战役　　601

▲ 史迪威将军在缅甸丛林。(1944年2月25日)
美军通信兵照片
美陆军中缅印战区新闻检查办公室Noel J. Cipriano签署发布(编号：61202)
档案来源：约翰·伊斯特布鲁克(John Easterbrook)

▲ 史迪威将军巡查联军前线途中穿越丛林溪流，将军的警卫员达拉·辛格（Dara Singh）及将军的副官、美国出生的华裔理查德·杨（Richard Young）紧随其后，美国地面部队正在该地区作战。（1944年3月7日）
美陆军战争信息部图片部照片（编号：23380-FA）
档案来源：美国国家档案馆（Joseph W. Stilwell Photo\2008-PU-193 J）

九、赢得第二次缅甸战役　603

▲ 进入缅甸参加抗击日军的第一支美国部队是为缅北战役特别挑选并训练的精锐部队。图为史迪威将军及其随从人员在缅北。从左至右：达拉·辛格(Dara Singh)、史迪威将军、布瑞格斯(Bob Briggs，史迪威将军的卫士)、保罗·D.杰西(Paul D. Gish)。(1944年3月9日)
美陆军官方照片
档案来源：美国国家档案馆(Joseph W. Stilwell Photo\208-PU-193S Folder 3)

▲ 中国军队进攻缅北日军前沿部队后，史迪威将军（左一）检查缴获的武器及装备。
（1944年3月10日）
出自美陆军战争信息办公室
档案来源：美国国家档案馆（Joseph W. Stilwell Photo\208-PU-193J Burma）

九、赢得第二次缅甸战役 605

▲ 3月19日是史迪威的生日,当日,驻印军第66团攻下了胡康河谷(Hukawng Valley)最后一个山隘——间布本(Jambu Bum)。乔治·C.马歇尔(George C. Marshall)将军给他发来生日贺电,说:"你所有的部属都向你致以崇高的敬意。"《中缅印战区综述》刊登的一篇文章在结尾写道:"有一天,当战争仅仅是丑恶的记忆时,史迪威在亚洲的全部经历将流传开来,这是一个谦虚而不炫耀自己的人的英雄史诗,他手持宝剑前进,把灾难的魔王砍杀在他们的巢穴之中。"(塔奇曼,1994:581)图为史迪威将军(左)与他指挥的中国师的军官交谈。该照片摄于史迪威将军61岁生日,2小时前联军在此地把日军赶出山谷。(1944年3月19日)
美军通信兵照片(编号:XX-20962)
出自美陆军战争信息办公室
档案来源:美国国家档案馆(Joseph W. Stilwell Photo\208-PU-193J)

▲ 史迪威将军指挥中美部队在缅北进攻日军,时值史迪威将军61岁生日,来自纽约(NY)的萨瓦斯·珀里多诺(Savvas Polydorou)厨师为史迪威将军烤了生日蛋糕,上面写着"祝乔大叔生日快乐"。在距离前线200码处的前线指挥部,官兵和新闻记者分享了蛋糕。图为史迪威将军正给中国报社记者艾德·曾(Eddie Tseng)分发蛋糕。(1944年3月19日)
美军通信兵照片(编号:XX-20947)
出自美陆军战争信息办公室(编号:27166-FA)
档案来源:美国国家档案馆(Joseph W. Stilwell Photo\208-PU-193J)

▲ 史迪威将军在缅北前线中断早餐，发布命令，左边是美军乔治·C.坎普贝尔（George C. Campbell）少校。至1944年3月，中美联军在缅北进攻中歼灭日军5000人。（1944年4月8日）
美军通信兵照片（编号：XX-20851）
美军官方同意发布
档案来源：美国国家档案馆（Joseph W. Stilwell Photo\2008-PU-193J）

▲ 史迪威将军在缅甸沙杜渣（Shaduzup, Burma）军营食堂进餐，古斯·雷诺德（Gus Reynard）上士为他们准备食品。从左至右（面对镜头者）：海顿·L.波特纳（Haydon L.Boatner）将军、史迪威将军、古斯·雷诺德（Gus Reynard）上士、欧尼斯特·弗雷德·伊斯特布鲁克（Ernest Fred Easterbrook，史迪威将军的女婿）上校。（1944年春）
美军通信兵照片
档案来源：约翰·伊斯特布鲁克（John Easterbrook）

▲ 史迪威将军正与美军官员进餐。从左至右(面对镜头者):小约瑟夫·W.史迪威(Joseph W. Stilwell, Jr.,史迪威的儿子)、史迪威将军、欧尼斯特·弗雷德·伊斯特布鲁克(Ernest Fred Easterbrook,史迪威将军的女婿)上校、古斯·雷诺德(Gus Reynard)上士。(1944年春)
美军通信兵照片
档案来源:约翰·伊斯特布鲁克(John Easterbrook)

▲ 在前线巡查途中，史迪威将军等待他的汽车从丛林路上的泥坑里拖出。美国训练装备的中国军队正在该地区作战。(1944年5月4日)
档案来源：美国国家档案馆(Joseph W. Stilwell Photo\2008-PU-193J)

▲ 史迪威将军指挥中缅印战区美军和一支强大的中国军队进攻缅北孟拱河谷(Mogaung Valley)日军。5月，他乘飞机前往缅北密支那(Myitkyina, Burma)检查中美联合部队夺回的战略机场。图中史迪威将军带领一队美、中官兵跨过一条小河去巡查缅北刚从日军手中夺回的据点。史迪威将军坐在第一辆车驾驶员温德姆·布劳德(Windom Braud)下士旁，坐在将军后面者为史迪威将军的女婿欧尼斯特·弗雷德·伊斯特布鲁克(Ernest Fred Easterbrook)上校；第二辆吉普车驾驶员为达拉·辛格(Dara Singh)，驾驶员旁边是保罗·D.杰西(Paul D. Gish)，坐在杰西后面者为艾迪·曾(Eddie Tseng)，坐在辛格后面为迈尔斯·舒尔(Miles Schauer)。(1944年5月26日)
美陆军官方照片(编号：27658-FA)
档案来源：美国国家档案馆(Joseph W. Stilwell Photo\208-PU-193 J)

▲ 史迪威将军完成缅北各基地的视察。史迪威将军（前左）在完成前线中美阵地视察后，乘吉普车在缅北孟拱河谷（Mogaung Valley）渡过浅水河段。占领孟拱河谷要塞瓦兰（Warong）后，中国部队在史迪威将军指挥下向西南推进至加迈（Kamaing），以缩小联军对缅北日军最大部队的包围圈。（1944年5月29日）
美陆军官方照片（编号：27754-FA）
档案来源：美国国家档案馆（Joseph W. Stilwell Photo\208-PU-193 J Burma）

▲ 史迪威将军在缅甸。图中前左二为史迪威将军,将军后面是其女婿欧尼斯特·弗雷德·伊斯特布鲁克(Ernest Fred Easterbrook)上校。(1944年)
美军通信兵照片
美陆军官方发布
档案来源:美国国家档案馆(Joseph W. Stilwell Photo\208-PU-193K-2\Conference)

▲ 史迪威将军举手向在缅北前线丛林公路上驾驶坦克的中国士兵致敬，坦克由美国制造。1944年5月17日，中美部队粉碎了日军的防线，在收复了敌人重要机场附近后，进入缅北战区密支那（Myitkyina）郊区。（1944年5月26日）
美陆军官方照片（编号：27687-FA）
档案来源：美国国家档案馆（Joseph W. Stilwell Photo\208-PU-193 Burma Conference）

▲ 史迪威将军在缅甸密支那(Myitkyina, Burma)。(1944年6月)
档案来源：约翰·伊斯特布鲁克(John Easterbrook)

▲ 史迪威将军与其副官，夏威夷出生的理查德·杨（Richard Young）上尉在密支那（Myitkyina）机场附近交谈。中美联军地面部队夺回日军控制的空军基地。1944年5月17日，步兵艰难地穿过缅北山谷600英里丛林小道夺取机场，中国空降部队增援地面部队，加入进攻密支那城战斗，几乎全部切断守城敌军供给线。（1944年6月20日）
美军通信兵照片（编号：28814-FA）
美陆军战争信息办公室照片
档案来源：美国国家档案馆（Joseph W. Stilwell Photo\208-PU-193J）

▲ 史迪威将军与一官员在缅北。(1944年)
美军通信兵照片(编号:51001-PPP)
美陆军中缅印战区新闻检查办公室Julian M. Sobin上尉签署发布(编号:61200)
美国斯坦福大学胡佛研究所档案馆存(Joseph W. Stilwell Collection)
档案来源:约翰·伊斯特布鲁克(John Easterbrook)

▲ 史迪威将军（左一）在缅甸，驾驶员后戴眼镜者为海顿·L.波特纳（Haydon L. Boatner）准将。
出自美陆军战争信息办公室
档案来源：美国国家档案馆（Joseph W. Stilwell Photo\208-PU-193J）

▲ 史迪威将军(手指地图者)在缅甸前线与中美官员在地图上跟踪缅甸战况,史迪威将军的部队正通过缅甸这一区域,坦克队在帮助扫清日军在丛林中占领的阵地。(1944年)
美军通信兵照片
出自美军战争信息部办公室
档案来源:美国国家档案馆(Joseph W. Stilwell Photo\208-PU-193K-2)

▲ 史迪威将军在缅甸。(1944年)
美军通信兵照片
档案来源：美国国家档案馆（Joseph W. Stilwell Photo\208-PU-193K-2）

▲ 史迪威将军（左二）与中国远征军第50师师长潘裕昆（左一）在密支那（Myitkyina）前哨基地。(1944年7月15日)
美军通信兵照片（编号：CBI-44-21720）
第164摄影连四等技术兵Warren A. Boecklen拍摄
档案来源：美国国家档案馆（CBI Photos\RG 111-SC\Box 472\262501-262540 3425\ SC-262529）

▲ 战地会议后，史迪威将军（左三）与中国远征军第50师师长潘裕昆（左二）在密支那（Myitkyina）前哨基地。（1944年7月15日）
美军通信兵照片（编号：CBI-44-21720）
第164摄影连四等技术兵Warren A. Boecklen拍摄
档案来源：美国国家档案馆（CBI Photos\RG 111-SC\Box 472\262501-262540 3425\ SC-262530）

▲ 史迪威将军在缅甸密支那（Myitkyina）前线不远处。(1944年7月15日)
美军通信兵照片（编号：CBI-44-21727）
第164摄影连四等技术兵Warren A. Boecklen拍摄
档案来源：美国国家档案馆（CBI Photos\RG 111-SC\Box 472\262501-262540 3425\SC-262531）

▲ 密支那(Myitkyina)机场被空袭后,史迪威将军从散兵坑出来,等着解除警报。(缅甸,1944年7月17日)
美军通信兵照片(编号:CBI-44-21735)
美陆军公共信息部发布
档案来源:美国国家档案馆(CBI Photos\RG 111-SC\Box 472\262501-262540 3425\SC-262521)

▲ 史迪威将军与同事享受难得的休闲，在缅北沙杜渣（Shadazup）观看了室外电影后，来一杯咖啡。图中从左至右：比尔·伯金（Bill Bergin）准将、海顿·L.波特纳（Haydon L. Boatner）准将、史迪威将军。（1944年7月21日）
美军通信兵照片（编号：CBI-44-23106）
W. C. Wales 中士拍摄
档案来源：美国国家档案馆（CBI Photos\RG 111-SC\274781-276820 3781\SC-266927）

▲ 史迪威将军（左二）在缅北。（1944年）
档案来源：约翰·伊斯特布鲁克（John Easterbrook）

▲ 史迪威将军在缅北。(1944年)
档案来源：约翰·伊斯特布鲁克(John Easterbrook)

▲ 史迪威将军（左三）在缅北视察。(1944年)
档案来源：约翰·伊斯特布鲁克(John Easterbrook)

▲ 史迪威将军（戴布帽者）在缅北同士兵在一起。(1944年)
档案来源：约翰·伊斯特布鲁克（John Easterbrook）

▲ 史迪威将军在密支那（Myitkyina）附近搭车。（1944年）
美军通信兵照片
档案来源：约翰·伊斯特布鲁克（John Easterbrook）

九、赢得第二次缅甸战役　631

▲ 史迪威将军（左一）与廖耀湘将军（左二）等在缅北战地"将军的食堂"进餐。（1944年）
档案来源：约翰·伊斯特布鲁克（John Easterbrook）

▲ 史迪威将军在缅北途中小憩。(1944年)
　档案来源：约翰·伊斯特布鲁克（John Easterbrook）

九、赢得第二次缅甸战役　　633

▲ 史迪威将军（前左二）在缅北途中步行。（1944年）
档案来源：约翰·伊斯特布鲁克（John Easterbrook）

▲ 史迪威将军(左一)在缅北与士兵交谈。(1944年)
档案来源：约翰·伊斯特布鲁克(John Easterbrook)

▲ 史迪威将军（手持步枪者）在缅北乘车。(1944年)
　档案来源：约翰·伊斯特布鲁克（John Easterbrook）

▲ 史迪威将军（左三）在缅北与官兵交流。(1944年)
　档案来源：约翰·伊斯特布鲁克（John Easterbrook）

▲ 史迪威将军(图正中行走者)在缅甸的丛林中步行。(1944年)
档案来源：约翰·伊斯特布鲁克(John Easterbrook)

▲ 史迪威将军(背对镜头行走者,左二)在缅北渡河。(1944年)
档案来源:约翰·伊斯特布鲁克(John Easterbrook)

▲ 史迪威将军（距镜头最近者）在看缴获的日本旗子。(1944年)
美军通信兵照片
　　档案来源：约翰·伊斯特布鲁克（John Easterbrook）

▲ "往南面去!"史迪威将军(距镜头最近者,左二)在缅甸。(1944年)
档案来源:约翰·伊斯特布鲁克(John Easterbrook)

九、赢得第二次缅甸战役 641

▲ 史迪威将军(左二)在缅甸行军途中。(1944年)
美陆军新闻检查办公室同意发布
档案来源：约翰·伊斯特布鲁克（John Easterbrook）

▲ 史迪威将军（正面对镜头者）在缅北过简易浮桥。(1944年)
档案来源：约翰·伊斯特布鲁克（John Easterbrook）

▲ 史迪威将军在缅甸丛林休息，将军整天步行期间保持快速的步伐，每小时步行50分钟，休息10分钟。
美陆军战争信息办公室发布
档案来源：约翰·伊斯特布鲁克（John Easterbrook）

▲ 在丛林中短暂休息。从左二至右：特雷尔基尔（Thrailkill）中校（站立者）、哈罗德（Harrold）中校；离镜头最近者为史迪威将军的执行助理，也是史迪威将军的女婿欧尼斯特·弗雷德·伊斯特布鲁克（Ernest Fred Easterbrook）上校；坐在伊斯特布鲁克上校后面者为约翰森（Johnson）中校。（1944年）
档案来源：约翰·伊斯特布鲁克（John Easterbrook）

▲ 在萨尔温江（Salween River）前线，中国军队对日军反攻成功。反攻始于1944年5月11日，中国军队随Y部队作战参谋联络官员跨过萨尔温江，接着，部队占领了腾冲、松山以及其他日军据点，收复大约有2.4万平方英里的中国领土，解放了400多个居住区，缅甸公路开通至龙陵。图为史迪威将军离开中国前最后一次视察萨尔温江前线，在前线司令部，史迪威将军与中国军队官员交谈。从左至右：萧毅肃将军（中国远征军参谋长）、史迪威将军、卫立煌将军（中国远征军司令官）、弗兰克·多恩（Frank Dorn）准将（Y部队指挥员）。（1944年）
美军通信兵照片（编号：61139）
Y部队作战参谋部公共关系办公室存
档案来源：美国国家档案馆（Joseph W. Stilwell\208-PU-192 M）

(三)视察部队

▲ 史迪威将军视察新编第38师。孙立人将军、史迪威将军和海顿·L.波特纳(Haydon L.Boatner)准将在视察新编第38师时观看布伦轻机枪射击演练。(缅甸,1943年)
美国国家档案馆存(网址:http://for what they gave on satur day afternoon.com/photos/w63.jpg)
档案来源:美国驻成都总领事馆

九、赢得第二次缅甸战役 647

▲ 史迪威将军检查新编第38师中国士兵脚上穿的鞋子。(缅甸,1943年)
美国国家档案馆存(网址:http://for what they gave on satur day afternoon.com/photos/w65.jpg)
档案来源:美国驻成都总领事馆

▲ 中美部队在史迪威将军指挥下在缅北地区抗击日军,由美军训练的中国连队指挥官成功出击缅北日军前哨基地,史迪威将军祝贺官兵们胜利归来。(1944年3月10日)美陆军战争信息办公室发布

档案来源:美国国家档案馆(Joseph W. Stilwell Photo\208-PU-193\Stilwell Inspecting troops)

▲ 史迪威将军对处于最底层的士兵往往给予特别的关心。当他看到中国士兵卷起树叶烟抽时,感到隐隐心痛,会将自己为数不多的香烟分给他们。图为史迪威将军在缅甸视察部队时与中国官兵在一起。(1944年3月8日)
美联社照片
美国国家档案馆存(Joseph W. Stilwell Photo\208-PU-193C-2)
档案来源:东方IC

▲ 史迪威将军在印度某一训练基地视察中国部队,在这个基地,有缅甸作战经验的中国士兵重组成的一支突击部队由美军武器装备。(1943年7月)
美陆军航空兵照片
出自美陆军战争信息部
档案来源:美国国家档案馆(Joseph W. Stilwell Photo\208-PU-193 C)

▲ 史迪威将军(左二)视察部队。(1943年7月)
出自美陆军战争信息部
档案来源：美国国家档案馆(Joseph W. Stilwell Photo\208-PU-193C-2)

▲ 史迪威将军乘机飞往战场视察，无论部队在战区何处，史迪威将军穿梭在战区各个基地之间，与官员做短暂交流后，又飞往下一个目的地。他到前线的视察往往都是非正式的，没有仪仗队列队致敬。图为史迪威将军正在飞机上研究他即将到达的基地的物资要求。(1943年8月)

档案来源：美国国家档案馆（Joseph W. Stilwell Photo\208-PU-193S Folder 3）

▲ 史迪威将军飞往战场视察途中,在飞机上吃午餐——一份陆军配额罐头食品,座椅旁边有呼空乘服务人员的按钮,但是机上没有服务人员。(1943年8月15日)
档案来源:美国国家档案馆(Joseph W. Stilwell Photo\208-PU-193S Folder 3)

▲ 史迪威将军在缅北视察部队途中休息。(1944年2月12日)
档案来源：东方IC

▲ 史迪威将军视察缅甸前线后,乘轻型飞机返回印度阿萨姆(Assam,India)司令部,下飞机时戴着中国军人的帽子,而不是他常戴的宽边毡帽。(1944年2月28日)
美联社照片
美国国家档案馆存(Joseph W. Stilwell Photo\208-PU-103S Folder 2)
档案来源:东方IC

▲ 史迪威将军（左一）乘坐吉普车巡视正与日军作战的美军地面部队。
（1944年3月8日）
美军通信兵照片（编号：23377-FA）
档案来源：美国国家档案馆（Joseph W. Stilwell Photo\208-PU-193J）

▲ 史迪威将军(左一)在缅北视察中国部队。(1944年)
档案来源：约翰·伊斯特布鲁克（John Easterbrook）

▲ 1944年星期日复活节,史迪威将军巡察缅北孟拱河谷(Mogaung Valley)前线部队,紧随其后的是欧尼斯特·弗雷德·伊斯特布鲁克(Ernest Fred Easterbrook,史迪威将军的女婿)上校。(1944年4月9日)
美军通信兵照片(编号:CBI-44-55003)
第164摄影连四等技术兵 Warren A. Boecklen 拍摄
出自美陆军战争信息办公室
档案来源:美国国家档案馆(Joseph W. Stilwell Photo\208-PU-193J Burma)

▲ 缅北附近的沙杜渣（Shaduzup）地区，史迪威将军在前线视察部队途中，帮助修理堵塞交通的吉普车，协助将军的是将军的警卫员达拉·辛格（Dara Singh，戴护目镜者）。(1944年4月22日)
美军通信兵照片（编号：CBI-44-55014）
第164摄影连四等技术兵Warren A. Boecklen拍摄
美陆军部公共信息部发布
档案来源：美国国家档案馆(CBI Photos\RG 111-SC\Box 488\267021-267060 3538\SC-271980)

▲ 史迪威将军（戴宽边毡帽者）观察他的警卫员（头戴护目镜者）修理吉普车引擎。（1944年4月22日）
出自美陆军战争信息办公室（编号：27688-FA）
档案来源：美国国家档案馆（Joseph W. Stilwell Photo\208-PU-193J Burma）

▲ 中国Y部队第19师在接受检阅。(云南,1944年4月28日)
美军通信兵照片(编号:CBI-44-26113)
档案来源:美国国家档案馆(CBI Photos\RG 111-SC\Box 358\SC-230556)

▲ 史迪威将军（左二）的中美部队正在缅北抗击日军，史迪威将军与其中美联络部队参谋弗兰克·多恩（Frank Dorn）准将（左三）视察部队后返回中国正下飞机。美军官兵在多恩将军指挥下训练中国官兵如何使用和维护现代装备。美军官员担任中国2万多兵力的部队的联络官和顾问，中国部队于1944年5月10日跨过距前线100英里处的萨尔温江（Salween River），在中国云南省向日军发起反攻。（注：照片拍摄时多恩为上校）（1944年5月）
出自美陆军战争信息办公室
档案来源：美国国家档案馆（Joseph W. Stilwell Photo\208-PU-192 M-6）

九、赢得第二次缅甸战役　　663

▲ 1944年5月17日,中美联合地面部队收复了缅北机场几小时后,史迪威将军视察密支那(Myitkyina)机场的作战情况。将军抵达机场时,敌人的所有抵抗都已经被消除,中国航空部队加强了步兵的突袭,加入对缅北日军主要基地密支那城的进攻。(1944年5月18日)
美军通信兵照片(编号:28794-FA)
出自美战争信息办公室
美陆军新闻检查办公室同意发布
档案来源:美国国家档案馆(Joseph W. Stilwell Photo\208-PU-193C-2)

▲ 在缅北前线的视察中，史迪威将军（路边站立者，左二）在路边停下来，观看驶向前线的坦克。这些坦克由美国制造，中国人驾驶，坦克驶过，尾部掀起一阵尘烟。（1944年5月25日）
美军通信兵照片
出自美战争信息办公室（编号：27686-FA）
档案来源：美国国家档案馆（Joseph W. Stilwell Photo\208-PU-193）

▲ 在抗击日本侵略者的战斗中，缅甸爱国战士与盟军合作。在缅甸某处中美联军师部，史迪威将军（左一）与他们会面，詹姆斯·斯图尔特（James Stuart）神父（左四）正在向史迪威将军介绍帮助美军的克钦（Kachin）首领曾坦（Zing Tawng，左三）。詹姆斯来自爱尔兰都柏林，作为传教士，他在缅甸住了8年。史迪威将军向这些勇士表示祝贺。1944年5月17日，中美联军步兵从日军手中收复了具有战略意义的缅北密支那（Myitkyina, Burma）机场几个小时后，史迪威将军飞抵密支那机场。其他部队在史迪威将军指挥下向缅甸南部推进，击毁了日军通讯线，切断了驻守日军与其主要供给中心的联系。（1944年6月21日）

美军通信兵照片（编号：CBI-44-15985）
二等技术兵 Wayne A. Martin 拍摄
出自美战争信息办公室（编号：28731-FA）
档案来源：美国国家档案馆（Joseph W. Stilwell Photo\2008-PU-193J）

▲ 史迪威将军与美军联络官琼·卡普林格尔(Joan Kaplinger)中校及中国远征军第50师师长潘裕昆在密支那(Myitkyina)视察部队时,向部队官兵讲话。(1944年7月15日)
美军通信兵照片(编号:CBI-44-21730)
第164摄影连四等技术兵Warren A. Boecklen拍摄
档案来源:美国国家档案馆(CBI Photos\RG 111-SC\Box 472\262501-262540 3425\SC-262528)

▲ 史迪威将军与中国远征军新编第1军第30师师长胡素准备出发视察第50师。（1944年7月16日）
美军通信兵照片（编号：CBI-44-21719）
第164摄影连四等技术兵Warren A. Boecklen拍摄
档案来源：美国国家档案馆（CBI Photos\RG 111-SC\Box 472\262501-262540 3425\SC-262526）

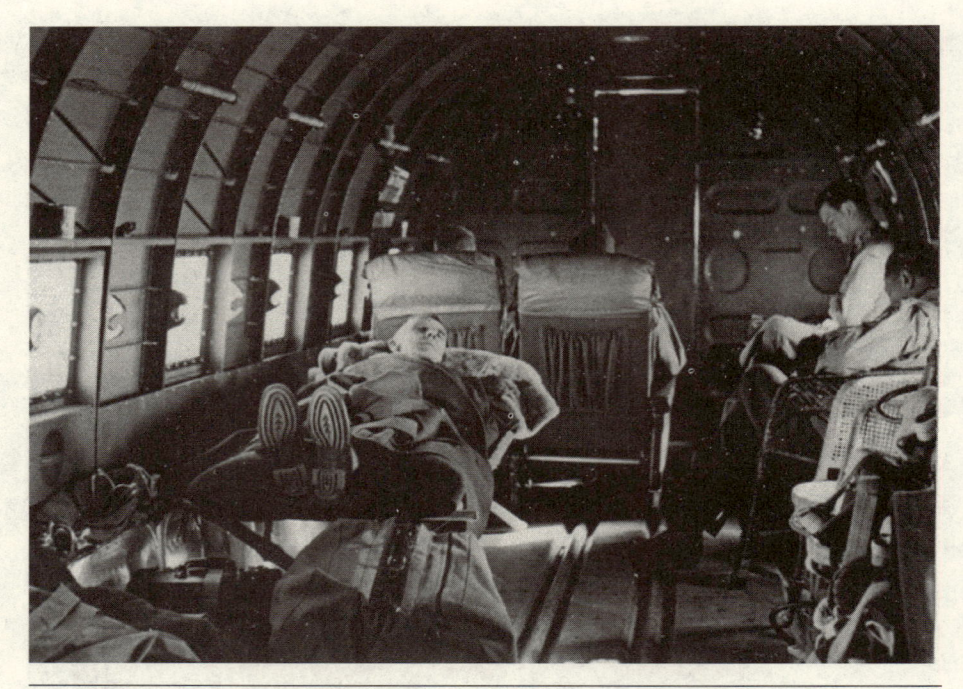

▲ 史迪威将军在巨大的运输机上的陆军帆布床上睡觉,飞机载着史迪威将军飞越印度与西藏之间的喜马拉雅山脉。中美战地记者与史迪威将军同机飞往前线。史迪威将军乘飞机穿梭于几百英里相距的各个基地,与基地官员进行简短会面后,又飞往下一个目的地。
美陆军战争信息办公室发布
档案来源:美国国家档案馆(Joseph W. Stilwell Photo\208-PU-103S Folder 2)

▲ G.X.切维斯（G. X. Cheves）准将在印度加尔各答（Calcutta, India）第2号基地迎接史迪威将军，切维斯将军将陪同史迪威将军视察在加尔各答地区的美军事设施。（1944年7月30日）
美军通信兵照片（编号：CBI-44-30837）
美陆军一等兵Louis W. Raczkowski拍摄
美陆军部公共关系部发布（1948年8月11日）
档案来源：美国国家档案馆（CBI Photos\Box 474\263101-263140 3440\SC-263104）

▲ 史迪威将军（左二）与英国作家、东南亚指挥部新闻编辑助理阿瑟·莫尔（Arthur Moore，左三）交谈，驻2号基地的G.X.切维斯（G. X. Cheves）准将（左一）在旁。莫尔先生与切维斯准将陪同史迪威将军视察印度加尔各答（Calcutta, India）美军事设施。（1944年7月30日）
美军通信兵照片（编号：CBI-44-30838）
美陆军一等兵Louis W. Raczkowski拍摄
美陆军部公共关系部发布（1948年8月11日）
档案来源：美国国家档案馆（CBI Photos\Box 474\263101-263140 3440\SC 263105）

九、赢得第二次缅甸战役　671

▲ 史迪威将军视察印度加尔各答(Calcutta, India)美军事设施期间,与正在机场工作的美陆军官兵交谈。从左四至右:G.X.切维斯(G. X. Cheves)准将、史迪威将军、来自纽约布鲁克林(Brooklyn, NY)的朱利叶斯·米勒(Julius Miller)中士、来自新泽西州纽瓦克(Newark, NJ)的约翰·卡尔维恩(John Carvone)下士和来自纽约布鲁克林(Brooklyn, NY)的皮特·科科拉(Peter Cocora)下士。(1944年7月30日)
美军通信兵照片(编号:CBI-44-30843)
美陆军一等兵Louis W. Raczkowski拍摄
美陆军部公共关系部发布(1948年8月11日)
档案来源:美国国家档案馆(CBI Photos\Box 474\263101-263140 3440\SC-263109)

▲ 密支那(Myitkyina)特种队指挥官西奥多·F.维塞尔斯(Theodore F. Wessels)准将在视察陷落的密支那城时,与第149步兵团来自加州洛杉矶市(Los Angeles, CA)的汤姆斯·帕斯克(Thomas Poscoe)少校、来自俄亥俄州曾斯维尔(Zenesville, OH)的罗伊德·格尔拉格勒(Lloyd Gillogly)上尉以及第50师詹姆斯·S.罗宾斯(James S. Robbins)少校讨论诱杀装置和路上埋地雷的可能性。罗宾斯来自亚拉巴马州梅菲尔德(Mayfield, AL)。(1944年8月4日)
美军通信兵照片(编号:CBI-44-21478)
三等技术兵 F. W. Shearer 拍摄
美陆军部公共信息部发布
档案来源:美国国家档案馆(CBI Photos\RG 111-SC\Box 514\274341-274380 3721\SC-274346)

▲ 路易斯·蒙巴顿勋爵(Lord Louis Mountbatten,面对镜头最近者,左二)在修筑利多公路(Ledo Road)将级司令官刘易斯·皮克(Lewis Pick)准将(面对镜头最近者,左三)和时任密支那(Myitkyina)总部中国新编第1军军长孙立人中将(面对镜头最近者,左一)的陪同下,视察收复的缅北密支那城,蒙巴顿视察密支那后将前往孟拱(Mogaung)视察其他军事设施。(1944年9月12日)
美军通信兵照片(编号:CBI-44-23482)
五等技术兵Clare W. Leipnitz拍摄
出自美驻印陆军部队公共关系部(1948年7月23日)
档案来源:美国国家档案馆(CBI Photos\RG 111-SC\Box 515\274501-274540 3724\ SC-274502)

▲ 史迪威将军(面对镜头最近行走者,左一)在缅北视察新编第22师途中,与史迪威将军并排行走者为卡尔顿·史密斯(Carlton Smith)上校。(1944年)
档案来源:约翰·伊斯特布鲁克(John Easterbrook)

九、赢得第二次缅甸战役　　675

▲ 史迪威将军（左三）在缅北视察中国部队。(1944年)
　档案来源：约翰·伊斯特布鲁克（John Easterbrook）

▲ 史迪威将军（距镜头最近者）深入缅甸前线视察中国部队，他常被称为"行走的乔"，史迪威将军以其充沛的活力而著名。他常戴着头盔，扛着卡宾枪，行走在茂密的丛林小道上。（1944年）
Bob Bryant 拍摄
美陆军战争信息办公室
档案来源：约翰·伊斯特布鲁克（John Easterbrook）

▲ 驻印度英帕尔（Imphal, India）的英国部队。（1944年）
美军通信兵照片（编号：CBI-44-28070）
档案来源：美国国家档案馆（CBI Photos\RG 111-SC\Box 412\245621-245900）

▲ 哈顿(R. A. Hutton)准将(左)、图德(Tood)中将、里斯(Leese)中将以及菲利浦·克里斯蒂森(Phillip Christison)中将在查看需观察区域的地图。(印度,1944年12月6日)
美军通信兵照片(编号:SEAC-44-1036)
Jack Stager 中士拍摄
美陆军部公共关系部发布(1946年4月12日)
档案来源:美国国家档案馆(CBI Photos\RG 111-SC\Box 412\245821-245860 3008\ SC-245856)

(四) 嘉奖授勋

▲ 史迪威将军在印度德里（Delhi, India）为美军官员授勋。（1942年8月13日）
档案来源：约翰·伊斯特布鲁克（John Easterbrook）

▲ 弗兰克·多恩（Frank Dorn, 时任中校）、罗伯特·威廉姆斯（Robert Williams）、弗兰克·D.梅里尔（Frank D. Merrill）中校接受史迪威将军授勋。（印度德里，1942年8月13日）
美军东南亚司令部摄影队（编号：106-9-G）
美国陆军新闻检查办公室同意发布（编号：61209中缅印）
档案来源：约翰·伊斯特布鲁克（John Easterbrook）

▲ 史迪威将军为惠勒(Wheeler)少将授勋,嘉奖令宣读时,高级官员们肃立致意。(1944年1月31日)

美军通信兵照片(编号:CBI-XX-3038)

Friedman拍摄

美陆军部公共信息部发布

档案来源:美国国家档案馆(CBI Photos\RG 111-SC\Box 488\266941-266980 3536\ SC-266959)

▲ 史迪威将军（左）祝贺惠勒（Wheeler）少将（右）荣获勋章。（印度，1944年1月31日）
美军通信兵照片（编号：CBI-XX-3040）
Friedman 拍摄
美陆军部公共信息部发布
档案来源：美国国家档案馆（CBI Photos\RG 111-SC\Box 488\266941-266980 3536\SC-266960）

九、赢得第二次缅甸战役　683

▲ 史迪威将军为孙立人将军授勋。(1944年3月16日)
　档案来源：美国斯坦福大学胡佛研究所档案馆(Joseph W. Stilwell Collection)

▲ 1944年3月18日，在缅北胡康河谷（Hukawng Valley），史迪威将军为来自华盛顿特区（Washington DC）的坦克部队指挥官罗斯维尔·H.布朗（Rothwell H. Brown）上校授予美国银星勋章。(1944年3月18日)
美军通信兵照片
五等技术兵 Clare W. Leipnitz 拍摄
档案来源：美国国家档案馆（CBI Photos\RG 111-SC\Box 474\263221-263260\SC-263254）

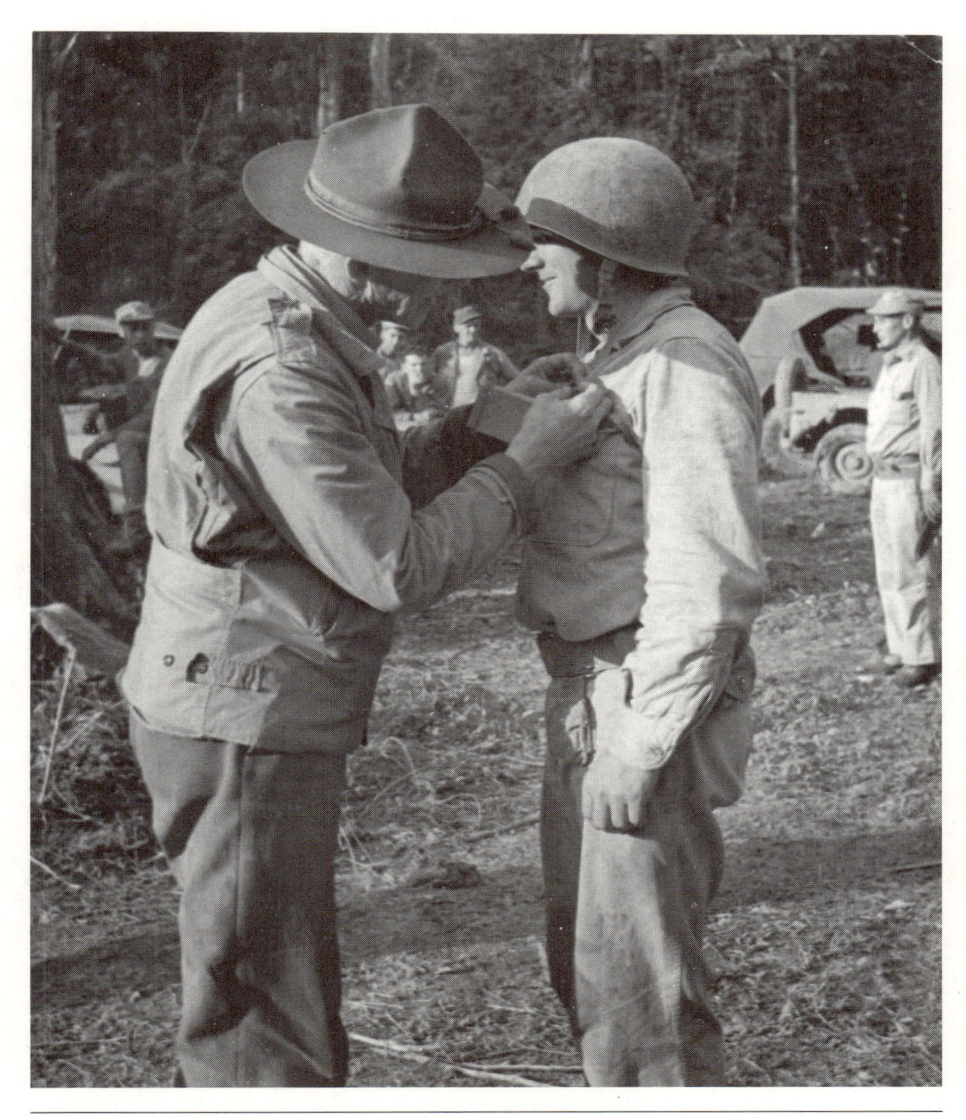

九、赢得第二次缅甸战役　　685

▲ 1944年3月18日，史迪威将军在缅北胡康河谷（Hukawng Valley）为来自美国科罗拉多州丹佛（Denver, CO）的阿尔伯特·J.哈维（Albert J. Harvey）中尉授予美国银星勋章。（1944年3月18日）
美军通信兵照片（编号：CTB-XX-20955）
五等技术兵Clare W. Leipnitz拍摄
美陆军公共信息部发布
档案来源：美国国家档案馆（CBI Photos\RG 111-SC\Box 474\263221-263260\SC-263253）

▲ 在缅甸北部的胡康河谷（Hukawng Valley），来自华盛顿特区（Washington DC）的罗斯维尔·H.布朗（Rothwell H. Brown）上校和来自科罗拉多州丹佛（Denver, CO）阿尔伯特·J.哈维（Albert J. Harvey）中尉接受史迪威将军授予的银星勋章后合影。（1944年3月18日）
美军通信兵照片（编号：CBI-XX-20956）
五等技术兵 Clare W. Leipnitz 拍摄
出自驻印美军公共关系部（1948年8月17日）
档案来源：美国国家档案馆（CBI Photos\RG 111-SC\Box 474\263221-263260\SC-263255）

▲ 史迪威将军为中国军人授予银星勋章,表彰其在面临敌人炮火中表现出的英勇行为,授勋仪式在缅北那班(Laban)南面6英里处举行。(1944年4月28日)
美军通信兵照片(编号:CBI-44-22219)
Thomas Fanning 拍摄
档案来源:美国国家档案馆(RG111-SC\Box 412\245661-245700 3004\SC-263467)

▲ 史迪威将军授予6名中国官兵美国银星勋章，以表彰其在缅北抗击日寇战斗中表现出的英勇行为，授勋后史迪威将军与官兵交谈。(1944年5月3日)
出自美陆军战争信息(编号:26863-FA)
档案来源:美国国家档案馆(Joseph W. Stilwell Photo\208-PU-193C)

▲ 无论大小胜仗,史迪威将军总是很快出现在前沿阵地或让无线电送去他的嘉奖和表彰。图为史迪威将军向中国士兵授予美国银星勋章,表彰其在缅北扫清日寇的战斗中杰出表现。史迪威将军指挥的中国部队向缅北推进至孟拱(Mogaung),同时,空降钦迪特(Chindits)部队攻击南部日军阵地。(1944年5月10日)
美军通信兵照片(编号:XX-20953)
五等技术兵Clare W. Leipnitz拍摄
出自美陆军战争信息部
档案来源:美国国家档案馆(Joseph W. Stilwell Photo\208-PU-193D)

▲ 间布本（Jambu Bum）战役获胜（1944年3月17—30日）和瓦坎（Wakang）战役获胜（1944年4月3—14日）后，史迪威向获取胜利的新编第22师赠锦旗。从左至右：韩（Y. C. Han）少校、卡尔顿·史密斯（Carlton Smith）上校、史迪威将军、廖耀湘师长。（1944年5月24日）
美军通信兵照片
出自美陆军战争信息部
档案来源：美国国家档案馆（Joseph W. Stilwell Photo\208-PU-193A）

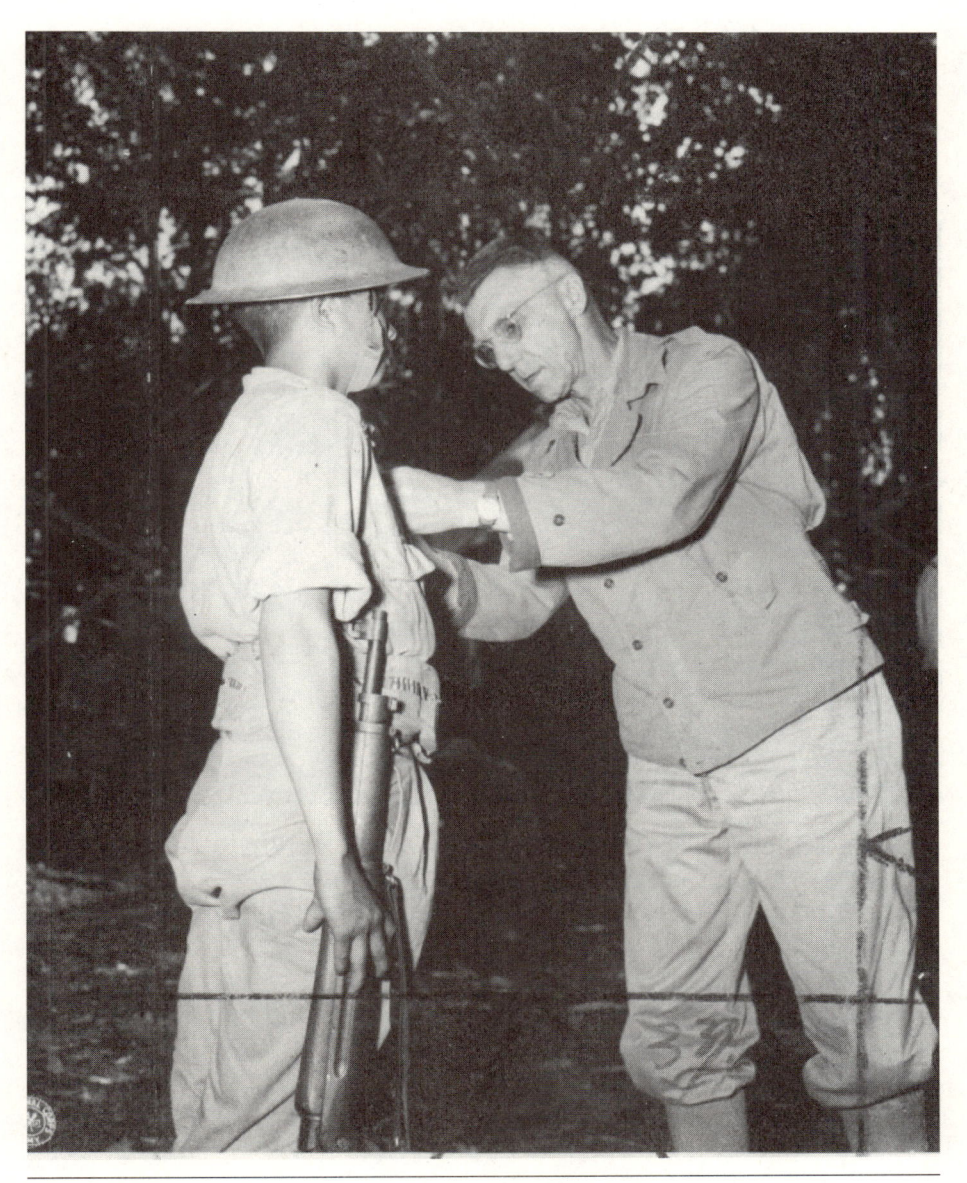

▲ 史迪威将军于1944年7月17日在其缅北司令部的广播演讲中赞扬中国部队在过去6个月,沉着坚定地向前推进,达到看似毫无希望的目标,让他们的朋友们感到欣慰。美、英部队也对缅北的胜利作出了重要贡献,但是自从1943年10月开始反攻,中国新编第38师和新编第22师是史迪威将军反攻的主要支柱。这两个师冲破日军在加迈(Kamaing)和孟拱(Mogaung)地区的防线,参加了孟拱的收复战斗。图为史迪威将军将美国银星勋章授予中国士兵,表彰其在战火中的勇敢表现。(1944年7月17日)
美军通信兵照片(编号:CBI-44-22218)
出自美战争信息办公室
档案来源:美国国家档案馆(Joseph W. Stilwell Photo\208-PU-193D)

▲ 史迪威将军祝贺西奥多·F.维塞尔斯(Theodore F. Wessels)因在密支那(Myitkyina)作战中的英勇获银星勋章。美国部队翻过崎岖的山脉、浓密的丛林,长途跋涉数百英里占领了日本在密支那以北最后一个空军基地。(1944年9月15日)
美军通信兵照片
美陆军战争信息办公室(编号:32714-FA)
档案来源:美国国家档案馆(Joseph W. Stilwell Photo\208-PU-193H)

▲ 史迪威将军授予中国新编第22师师长廖耀湘荣誉军团勋章。(1944年)
美军通信兵照片(编号：CBI-XX-20940)
五等技术兵Clare W. Leipnitz拍摄
美陆军部公共信息部发布
档案来源：美国国家档案馆(CBI Photos\RG 111-SC\Box 474\263221-263260\SC-263258)

▲ 史迪威将军（左二，戴毡帽者）为保罗·L.琼斯（Paul L. Jones，左五）授勋。(1944年)
档案来源：约翰·伊斯特布鲁克（John Easterbrook）

▲ 史迪威将军为美军官员授勋。从左至右：未知名、约翰·刘（John Liu）、弗兰克·多恩（Frank Dorn）、未知名、埃米特·J.泰森（Emmett J. Theisen）、史迪威将军、未知名，离镜头最近者为比尔·伯金（Bill Bergin）。（1944年）
档案来源：约翰·伊斯特布鲁克（John Easterbrook）

▲ 战士们列队接受史迪威将军授勋。
　档案来源：约翰·伊斯特布鲁克（John Easterbrook）

（五）后勤保障

▲ 随着胡康河谷（Hukawng Valley）战役的旗开得胜，简易机场、医院、物资供应点和机动商店以及加油站等附属设施拔地而起。图为史迪威将军视察工厂。（1943年7月）
美陆军航空兵照片
出自美陆军战争信息部
档案来源：美国国家档案馆（Joseph W. Stilwell Photo\208-PU-193 C Stilwell Inspecting Troops）

▲ 史迪威将军不仅深入前线视察部队，他也视察港口、通讯设施和装备，以确保后勤支持保障战争的需要。史迪威将军在其副官和基地官员的陪同下，了解位于印度东部港口的物资供给情况，大批物资和设备抵达东印度港口卸载。史迪威将军经常视察各个港口，通过这些港口，大量物资和人员到达战区。图中史迪威将军正在观看货船的货舱。从左至右：约翰·A.沃登（John A. Warden）准将、小马森·莱特（Mason Wright, Jr.）上校、史迪威将军、约翰·G.福特（John G. Fort）少校。（1943年11月20日）

档案来源：美国国家档案馆（Joseph W. Stilwell Photo\208-PU-103S Folder 2）

▲ 军需部的葛瑞弗斯（Griffith）少校与中国新编第22师第6汽车团运输官员查（Cha）上校及其他中国官员正准备出发往利多公路（Ledo Road）运送汽油桶。（1943年11月）
美军通信兵照片（编号：CBI-XX-20030）
四等技术兵Palinkas拍摄
美陆军部公共信息部发布
档案来源：美国国家档案馆（CBI Photos\RG 111-SC\Box 514\274221-274260 3718）

▲ 军需部的葛瑞弗斯（Griffith）少校与中国新编第22师第6汽车团运输官员，乘坐指挥车（吉普车）注视车队通过，在车上的其他人员为翻译和警卫员。（1943年11月）
美军通信兵照片（编号：CBI-XX-20036）
四等技术兵Palinkas拍摄
美陆军部公共信息部发布
档案来源：美国国家档案馆（CBI Photos\RG 111-SC\Box 514\274221-274260 3718）

九、赢得第二次缅甸战役　　701

▲ 离前线7英里的缅甸临干萨坎(Ningam Sakan, Burma)为缅甸丛林中的中、美、英部队前哨基地,美陆军航空部队与军需队协作,为驻该处的美军空降7头活猪。这些猪尽量养肥后屠宰,但因为缺乏饲料,它们仍然没有达到理想的重量。12月23日,战士们操起屠刀、匕首、小斧等工具宰杀了这些猪。他们是:来自俄亥俄州阿克伦(Akron, OH)的乔治·T.洛林(George T. Laughlin)少校、来自俄亥俄州沃伦(Warren, OH)的四等技术兵C.H.雅各布斯(C. H. Jacobs)、来自弗吉尼亚州诺福克(Norfolk, VA)的五等技术兵阿尔文·J.特洛亚(Alvin J. Troyer)、来自英格兰杜伦市(Durham, England)的一等兵Wm.布拉(Wm. Brough)。(1943年12月24日)
美军通信兵照片(编号:CBI-XX-20110)
五等技术兵Clare W. Leipnitz拍摄
美陆军部公共信息部发布
档案来源:美国国家档案馆(CBI Photos\RG 111-SC\Box 514\274221-274260 3718\SC-274250)

▲ 离前线 7 英里的缅甸临干萨坎（Ningam Sakan, Burma）是缅甸丛林中的中、美、英部队前哨基地，空降的 7 头活猪被宰杀了挂在绳子上过夜，24 日准备烧烤。负责宰杀和清洁猪的战士分别是来自俄亥俄州阿克伦（Akron, OH）的乔治·T.洛林（George T. Laughlin）少校、来自俄亥俄州沃伦（Warren, OH）的四等技术兵雅各布斯（C. H. Jacobs）、来自弗吉尼亚诺福克（Norfolk, VA）的五等技术兵阿尔文·J.特洛亚（Alvin J. Troyer）、来自英格兰杜伦市（Durham, England）的一等兵 Wm. 布拉（Wm. Brough）。(1943 年 12 月 24 日)
美军通信兵照片（编号：CBI-XX-20136）
五等技术兵 Clare W. Leipnitz 拍摄
美陆军部公共信息部发布
档案来源：美国国家档案馆（CBI Photos\RG 111-SC\Box 514\274221-274260 \3718\ SC-274251）

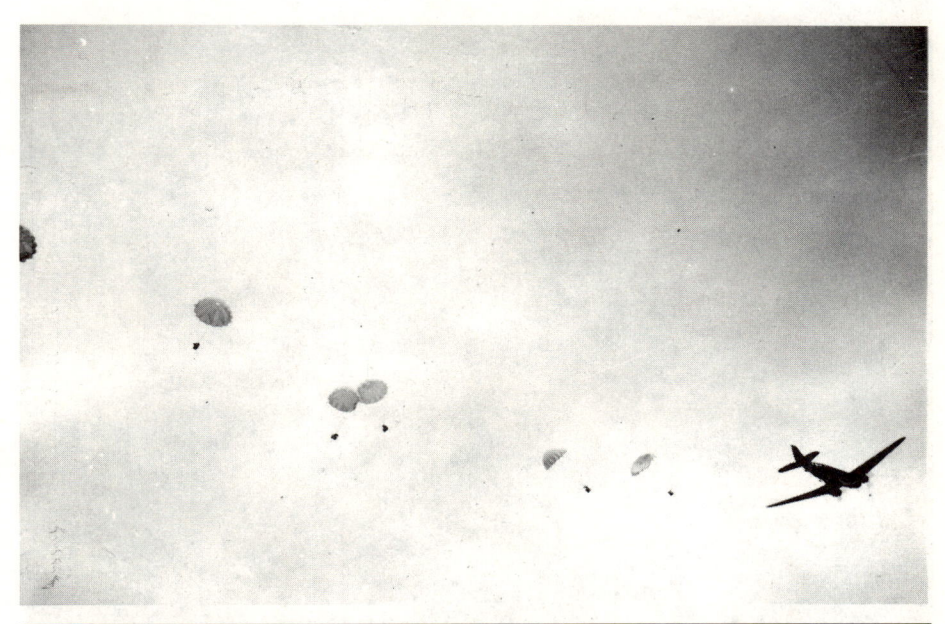

九、赢得第二次缅甸战役　　703

▲飞机正在为驻缅甸宣新洋（Hsamshingyang, Burma）的5307联合部队指挥部投放物资。（缅甸，1944年1月5日）
美军通信兵照片（编号：XX-15133）
第164摄影连五等技术兵Milton Koff拍摄
出自美驻印陆军部队公共关系部（1948年7月16日）
美陆军部公共关系部官方发布
档案来源：美国国家档案馆（CBI Photos\RG 111-SC\Box 525\277341-277380 3795\SC-277378）

▲ 美军邮局（APO）885站办公时间。(1944年1月20日)
美军通信兵照片(编号：CBI-XX-2961)
Friedman 拍摄
美陆军部公共信息部发布
档案来源：美国国家档案馆(CBI Photos\RG 111-SC\Box 488\266941-266980 3536\SC-266977)

▲ 美军通信部队在后方指挥部美军邮局(APO)885站工作。(印度,1944年1月)
美军通信兵照片(编号:CBI-XX-3120)
Friedman拍摄
美陆军部公共信息部发布
档案来源:美国国家档案馆(CBI Photos\RG 111-SC\Box 488\266941-266980 3536\SC-266965)

▲ 在印度阿萨姆（Assam, India）工程补给站，来自明尼苏达州水晶湖（Crystal Lake, MN）的五等技术兵罗伯特·W.翰威特（Robert W. Hewitt）正在切割用于沿利多公路的桥梁建筑的冲头。这个锻造车间是庞大工程物资补给站的一部分，补给站为进入缅甸的军队提供服务。（1944年1月）
美军通信兵照片
五等技术兵Colgate拍摄
美陆军部公共信息部发布
档案来源：美国国家档案馆（CBI Photos\RG 111–SC\Box 488\266941–266980 3536\SC–266966）

九、赢得第二次缅甸战役   707

▲ 来自宾夕法尼亚州匹兹堡(Pittsburgh, PA)的一等兵利奥·葛德金(Leo Godkin)和来自堪萨斯州(KS)的一等兵雷蒙德·尤普哈(Raymond Upshaw)在制作用来将设备漂过缅甸境内河流的木筏。(1944年1月)
美军通信兵照片(编号:XX-15195)
第164摄影连五等技术兵Milton Koff拍摄
出自美驻印陆军部队公共关系部(1948年7月16日)
美陆军部公共关系部官方发布
档案来源:美国国家档案馆(CBI Photos\RG 111-SC\Box 525\277381-277420 3796\SC-277382)

▲ 在885美军邮局检查分类主室。此邮局除了美军邮政人员外,也雇用平民工作人员。(1944年1月20日)
美军通信兵照片(编号:XX-2964)
五等技术兵Colgate拍摄
美陆军部公共信息部发布
档案来源:美国国家档案馆(CBI Photos\RG 111-SC\Box 488\266941-266980 3536\SC-266978)

▲ 在临时营房外门廊边，印度人用竹竿和干草搭建了开放式理发店，为战士们理发。来自纽约州特洛伊(Troy, NY)的伊莱亚斯·M.勒弗尼亚(Elias M. Levonia)下士正在理发，来自南达科达州(Montrose, SD)的詹姆斯·麦克唐内尔(James McDonell)正在修面。(1944年2月)
美军通信兵照片(编号：CBI-XX-3315)
Ed. Jankowski下士拍摄
美陆军部公共信息部发布
档案来源：美国国家档案馆(CBI Photos\RG 111-SC\Box 488\267021-267060 3538\SC-267036)

▲ 一名中国炊事兵在揉面团，准备做面条，他负责为在缅甸丛林前线的一小队中国军队准备食物。炮弹就落在附近。白天，附近遭炮弹袭击时，这位炊事兵就躲在防空壕里，防空壕也是他晚上休息睡觉的地方。(1944年2月1日)
美军通信兵照片(编号：XX-20558)
五等技术兵 Clare W. Leipnitz 拍摄
美陆军部公共关系部发布(1944年5月27日)
档案来源：美国国家档案馆(CBI Photos\RG 111-SC\Box 212\189666-189705 1597\SC-189681)

▲ 来自乔治亚州米利奇维尔（Milledgeville, GA）的步兵联络官葛莱汉·巴切洛尔（Graham Batachelor）少校与新编第22师第64团司令部的官员们一起进餐，少校学会使用筷子。（1944年3月2日）
美军通信兵照片（编号：CBI-XX-20860）
五等技术兵Clare W. Leipnitz拍摄
驻印美军公共关系部发布（1948年8月17日）
档案来源：美国国家档案馆（CBI Photos\RG 111-SC\Box 474\263221-263260\SC-263246）

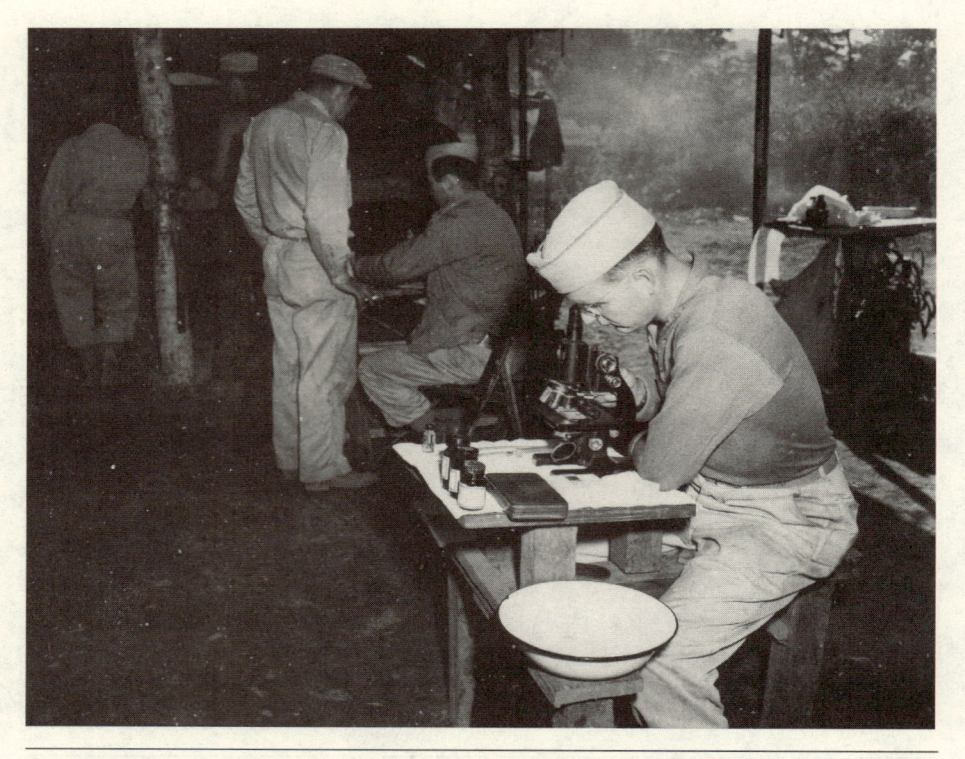

▲ 来自密苏里州拉马尔市(Lamar, MO)的中士乔治·W.诺伍德(George W. Norwood)在第18动物转运医院检查骡子的血液，以确定骡子是否患了苏拉病。(1944年)
美军通信兵照片(编号：CBI-II-44-65198)
Grant拍摄
出自美驻印陆军部队公共关系部(1949年2月14日)
档案来源：美国国家档案馆(CBI Photos\RG 111-SC\Box 522\276701-276740 3779\SC-276733)

▲ 来自加州(CA)的内森·麦高文(Nathan McGowan)中士与中国厨师在战地临时搭建的火炉前忙碌,后面是食堂的厨房。(1944年3月7日)
美军通信兵照片(编号:XX-25741)
第164摄影连一等技术兵G. L. Kocourek拍摄
美陆军部公共关系部发布
档案来源:美国国家档案馆(CBI Photos\RG 111-SC\Box 358\SC-230589)

▲ 来自加州（CA）的内森·麦高文（Nathan McGowan）中士正在观看中国厨师准备食品。（1944年3月7日）
美军通信兵照片（编号：XX-25742）
第164摄影连一等技术兵 G. L. Kocourek 拍摄
美陆军部公共关系部发布
档案来源：美国国家档案馆（CBI Photos\RG 111-SCs\Box 358\SC-230588）

▲ 一队士兵及牲畜通过缅北的大奈河(Tanai Hka)。该桥是由克钦(Kachin)部落人员建造,队伍将进入位于宁昂(Ningi Awng)的村庄。(1944年3月18日)
美军通信兵照片(编号:XX-15894)
二等技术兵Wayne A. Martin拍摄
出自美驻印陆军部队公共关系部
美陆军部公共关系部官方发布(1944年3月18日)
档案来源:美国国家档案馆(CBI Photos\RG 111-SC\Box 525\277381-277420 3796\ SC-277385)

▲ 来自纽约长岛（Long Island, NY）的威廉·B.菲利亚克（William B. Filiak）少尉演示部队无线电测向仪使用竹子和拆用的配件，通信兵们甚至演示在缅甸丛林里能够做的任何通讯工作。（1944年4月27日）
美军通信兵照片（编号：CBI-44-15960）
二等技术兵 Wayne A. Martin 拍摄
出自美驻印陆军部队公共关系部（1948年7月16日）
美陆军部公共关系部官方发布
档案来源：美国国家档案馆（CBI Photos\RG 111-SC\Box 525\277381-277420 3796\SC-277396）

九、赢得第二次缅甸战役　　717

▲ 在茂密的热带丛林作战的部队所需的一些武器和给养依靠空投,在弹药库旁,投放食物的降落伞作为隐蔽,中国士兵还利用破旧的滑翔机建房,补给仓库位于缅甸密支那(Myitkyina,Burma)飞机场,供应物资由驮畜队从补给仓库运往战斗部队。(1944年5月19日)
美军通信兵照片(编号:CBI-44-16004)
二等技术兵Wayne A. Martin拍摄
出自美驻印陆军部队公共关系部(1948年7月16日)
美陆军部公共关系部官方发布
档案来源:美国国家档案馆(CBI Photos\RG111-SC\Box 525\277381-277420 3796\SC-277404)

▲ 在缅甸密支那（Myitkyina, Burma）附近的一个水塘里，一名中国士兵和一些美国兵往水壶里装水，日本轰炸机的残骸形成了一座桥，人们可以穿过水塘。（1944年5月19日）
美军通信兵照片（编号：CBI-44-15992）
出自美驻印陆军部队公共关系部（1948年7月16日）
美陆军部公共关系部官方发布
档案来源：美国国家档案馆（CBI Photos\RG 111-SC\Box 525\277381-277420 3796\SC-277401）

▲ 第48疟疾防控连，来自罗得岛州普罗维登斯（Providence, RI）的爱德华·班考卡斯（Edward Bankaukas）中士正在查看将运往印度利多（Ledo, India）地区抗击疟疾的杀虫剂。(1944年7月3日)
美军通信兵照片（编号：CBI-44-22966）
Quaid 拍摄
档案来源：美国国家档案馆（CBI Photos\RG 111-SC\Box 487\266621-266660 3528）

▲ 来自宾夕法尼亚州油城(Oil City, PA)陆军一等兵弗兰克·卡尔森(Frank Carlson)和来自加州旧金山(San Francisco, CA)的格兰维尔·德·内瑞特(Granville De Nerritt)都是第502宪兵连B排的士兵,他们正在观看商贩卖水果给第4294 Q.M.铁路连的休·比特(Hugh Beaty)中士。比特来自加州柏克利(Berkeley, CA)。(印度利多,1944年7月14日)
美军通信兵照片(编号:CBI-44-23091)
三等技术兵Grigg拍摄
美军公共信息部发布
档案来源:美国国家档案馆(CBI Photos\RG 111-SC\Box 488\266901-266940 3535\SC-266912)

九、赢得第二次缅甸战役　　721

▲ 这个标号为6的拦截气球用来支持SCR-300无线电发射机，在印度阿萨姆邦利多（Ledo, Assam, India）附近话务人员正在地面操作电话。（1944年7月17日）
美军通信兵照片（编号：CBI-44-23065）
五等技术兵Clare W. Leipnitz拍摄
美军公共信息部发布
档案来源：美国国家档案馆（CBI Photos\RG 111-SC\Box 488\266901-266940 3535\SC-266917）

▲ 驻缅甸沙杜渣（Shadazup, Burma）史迪威将军司令部的北部战区指挥分部特勤队的四等技术兵詹姆斯·C.米尔斯（James C. Mills）来自肯塔基州圣路易维尔（Louisville, KY），他在帕夏俱乐部（Pasha Club）将炸面圈递给明尼苏达州格伦伍德（Glenwood, MN）的四等技术兵迪恩·A.赫杰（Dean A. Hodge）。（1944年7月22日）
美军通信兵照片（编号：CBI-44-23110）
三等技术兵 F. W. Shearer 拍摄
美军公共信息部发布
档案来源：美国国家档案馆（CBI Photos\RG 111-SC\Box 488\266901-266940 3535\ SC-266930）

▲ 一列由6辆日军轻型载重汽车组成、吉普作为车头的火车将物资从密支那(Myitkyina)运送到孟拱(Mogaung)，由于孟拱没有机场，物资只能通过陆路运输。两辆吉普分别安置在火车前后，因为是单轨，如果往返，这样组成的火车就不需要掉头，省去了很多工作和麻烦。(1944年7月23日)
美军通信兵照片(编号:CBI-44-21401)
Thomas Fanning 拍摄
美陆军部公共信息部发布
档案来源：美国国家档案馆(CBI Photos\RG 111-SC\Box 514\274341-274380 3721\SC-274369)

▲ 这辆满载英军士兵和物资的平板车，行驶在缅甸密支那（Myitkyina, Burma）西南部的车道上，向孟拱（Mogaung）方向驶去。（1944年7月25日）
美军通信兵照片（编号：CBI-44-23161）
第164摄影连Adams拍摄
美军公共信息部发布
档案来源：美国国家档案馆（CBI Photos\RG 111-SC\Box 488\266901-266940 3535\SC-266936）

▲ 日军占领期间，位于缅甸密支那（Myitkyina, Burma）以南8英里的南桂（Nan-Kwe）河上的这座铁路桥被联军炸掉，现由504轻型浮筒工程连修复。（1944年7月26日）
美军通信兵照片（编号：CBI-44-23177）
第164摄影连Adams拍摄
美陆军部公共信息部发布
档案来源：美国国家档案馆（CBI Photos\RG 111-SC\Box 488\266941-266980 3536\SC-266947）

▲ 中国人将大米从空降物资仓库送到离加迈（Kamaing）7英里处的新编第22师驻地。（缅甸，1944年）
美军通信兵照片（编号：CBI-44-22951）
Thomas Fanning拍摄
美军公共信息部发布
档案来源：美国国家档案馆(CBI Photos\RG 111-SC\Box 488\266901-266940 3535\SC-266908)

九、赢得第二次缅甸战役

▲ 来自纽约州里波特(Liberty, NY)的美军二等兵伯纳德·斯泰格利茨(Bernard Steiglitz)驾驶一辆4x4 1/4吨吉普车开上一辆通用汽车6x6卡车。卡车用来运送机动车,驻阿萨姆(Assam)鸽子山(Pigeon Hill)营地的第3730军需勤务车连使用这种方法节省时间和汽油。(印度,1944年7月29日)
美军通信兵照片(编号:CBI-44-23216)
Friedman 拍摄
美陆军部公共信息部发布

档案来源:美国国家档案馆(CBI Photos\RG 111-SC\Box 488\266941-266980 3536\SC-266948)

▲ 排列成两行的武器运输车即将在印度阿萨姆（Assam, India）的邦盖嘎恩站（Bongaigaon Station）卸载。卸载后，由第3730军需卡车连护送到鸽子山（Pigeon Hill）营地，在该营地接受维护后，再被运送到利多（Ledo）。（印度，1944年7月29日）
美军通信兵照片（编号：CBI-44-23200）
第164摄影连二等技术兵 D. Kaner 拍摄
美陆军部公共信息部发布
档案来源：美国国家档案馆（CBI Photos\RG 111-SC\Box 488\266941-266980 3536\SC-266949）

九、赢得第二次缅甸战役　729

▲第3730军需卡车车连，来自纽约尤蒂卡（Utica, NY）的阿蒂利奥·F.古驰（Attilio F. Cucci）下士与来自英格兰埃塞克斯（Essex,England）的乔治·齐斯曼（George Cheeseman）下士在轮渡处检查机动车状况，轮渡在印度阿萨姆邦乔格哈比（Jogighopi, Assam, India），机动车将由渡轮运送过布拉马普特拉河（Bhramaputra River）。（1944年7月30日）
美军通信兵照片（编号：CBI-44-23198）
第164摄影连二等技术兵D. Kaner拍摄
美陆军部公共信息部发布
档案来源：美国国家档案馆（CBI Photos\RG 111-SC\Box 488\266941-266980 3536\ SC-266951）

▲ 工程人员正在用起重机运送木材。(1944年7月30日)
美军通信兵照片(编号:CBI-44-23121)
R. Reis中尉拍摄
美陆军部公共信息部发布
档案来源:美国国家档案馆(CBI Photos\RG 111-SC\Box 488\266941-266980 3536\ SC-266952)

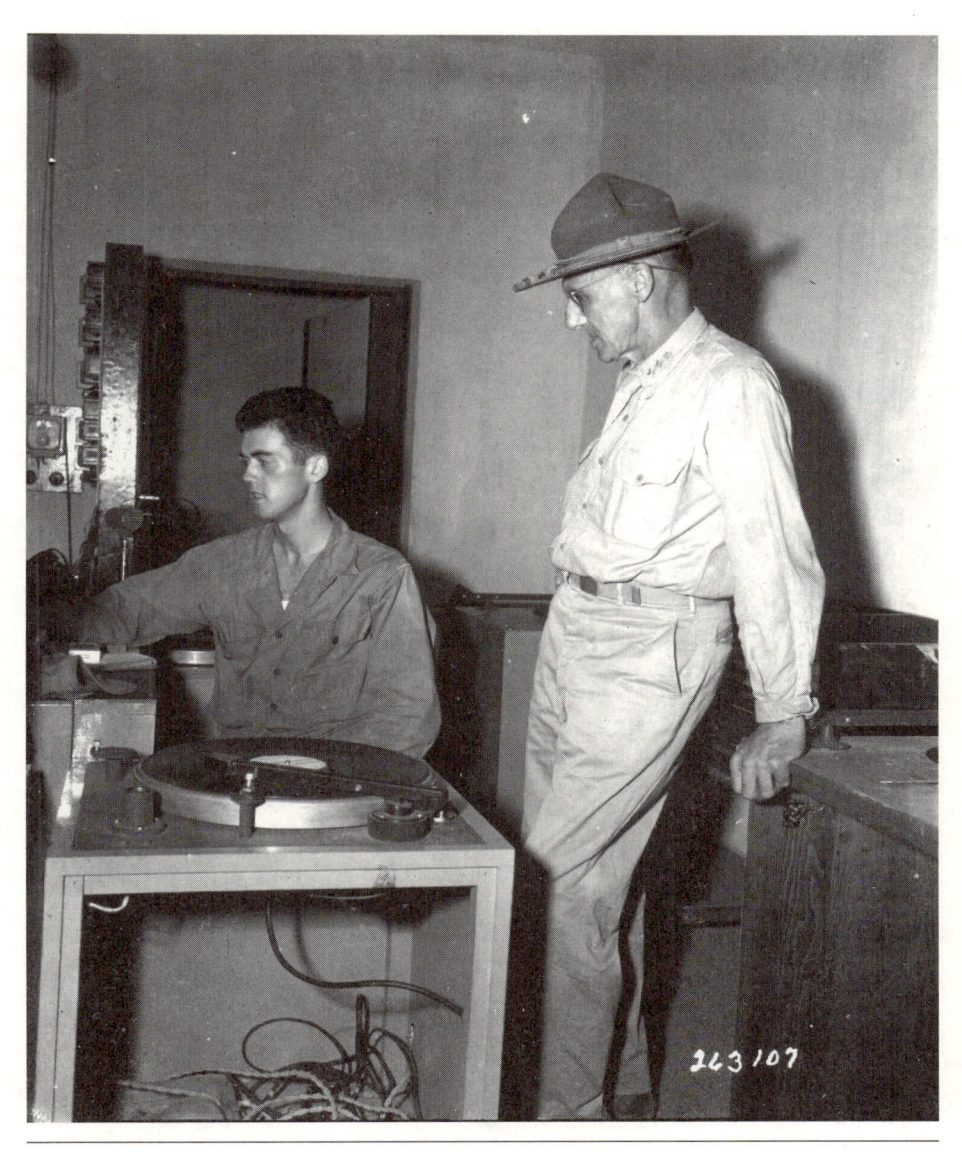

九、赢得第二次缅甸战役　　731

▲ 1944年7月30日,史迪威将军视察印度加尔各答(Calcutta,India)美军用设施,来自新泽西州嘉伍德(Garwood, NJ)的吉利·格维尼(Jerry Givney)正在向史迪威将军展示美陆军电台VU2AU的操作情况。(1944年7月30日)
美军通信兵照片(编号:CBI-44-30841)
美陆军一等兵Louis W. Raczkowski拍摄
美陆军部公共关系部发布(1948年8月11日)
档案来源:美国国家档案馆(CBI Photos\RG 111-SC\Box 474\263101-263140 3440\ SC-263107)

▲ 史迪威将军在印度加尔各答（Calcutta, India）视察美陆军军事设施期间，访问美陆军冰淇淋厂，来自纽约布朗克斯（Bronx, NY）的阿比·布兰德斯（Abe Brandes）为史迪威将军盛冰淇淋。（1944年7月30日）
美军通信兵照片（编号：CBI-44-30839）
美陆军一等兵 Louis W. Raczkowski 拍摄
美陆军部公共关系部发布（1948年8月11日）
档案来源：美国国家档案馆（CBI Photos\RG 111-SC\Box 474\263101-263140 3440\ SC-263106）

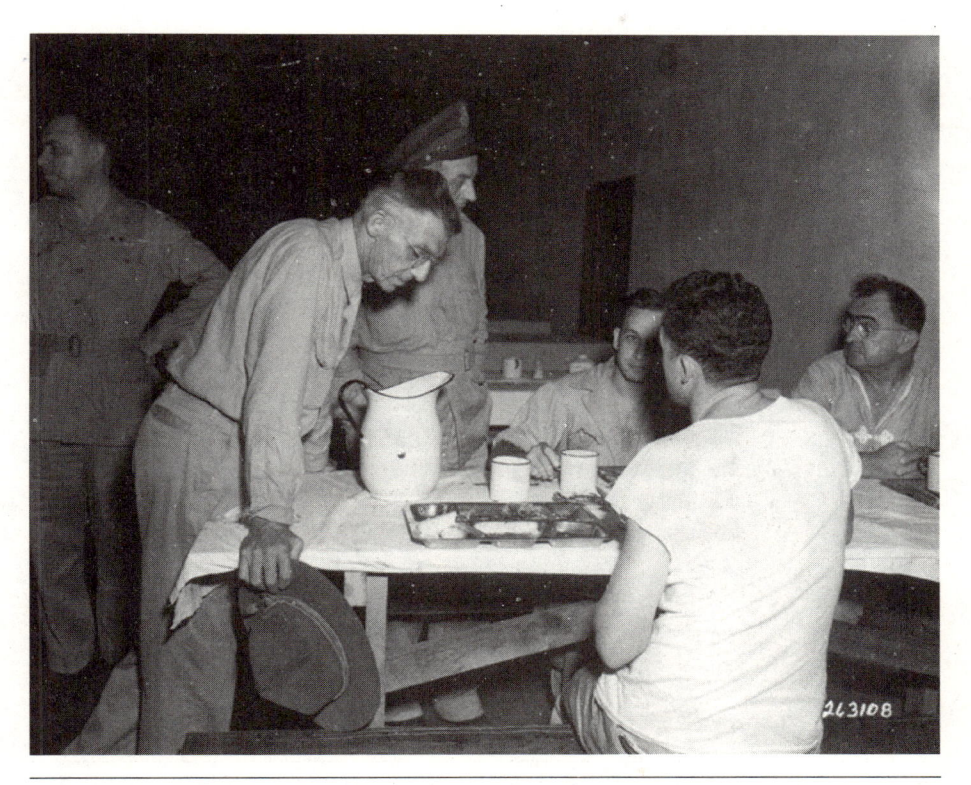

九、赢得第二次缅甸战役　733

▲ 史迪威将军常常在不事先通知的情况下考察各个驻地、食堂和医院。他曾视察贾布瓦(Chabua)空军基地，发现食堂条件恶劣，立即责问基地司令，并告诫，如果再发现这种情况，就地撤他的职，遣送回国。图为史迪威将军(左二)在印度加尔各答(Calcutta, India)视察美军事设施期间，查看美军第112驻地医院食堂。(1944年7月30日)
美军通信兵照片(编号：CBI-44-30842)
美陆军一等兵Louis W. Raczkowski 拍摄
美陆军部公共关系部发布(1948年8月11日)
档案来源：美国国家档案馆(CBI Photos\RG 111-SC\Box 474\263101-263140 3440\SC-263108)

▲ 从城里撤出后，小部分抵达密支那(Myitkyina)机场的难民被带往机场附近的难民营，他们在那里住下并得到食品。(密支那，1944年7月30日)
美军通信兵照片(编号：CBI-44-21426)
三等技术兵 F. W. Shearer 拍摄
美陆军部公共信息部发布
档案来源：美国国家档案馆(CBI Photos\RG 111-SC\Box 514\274341-274380 3721\SC-274342)

九、赢得第二次缅甸战役　　735

▲ 来自路易斯安那州查斯湖(Lake Charles, LA)的一等兵克劳德·骞帕恩(Claude Champagne)正在从食堂工作的梅尔温·斯特福尔(Melvin Stauffer)中士处取冰淇淋,以奖励他为收复缅甸密支那(Myitkyina, Burma)战役中作出的贡献。斯特福尔来自新泽西州的帕特森(Patterson, NJ)。(1944年8月7日)
美军通信兵照片(编号:CBI-44-30972)
美陆军部公共关系部发布
档案来源:美国国家档案馆(CBI Photos\RG 111-SC\Box 474\263141-263180 3441\SC-263143)

▲ 为抗击密支那(Myitkyina)北面日军的部分兵力,第209工兵队以步兵的身份战斗了59天,协助攻下密支那后,又回到工程队去。图为工兵队的战士们正在享受冰淇淋,作为他们收复密支那的部分奖励。(1944年8月7日)
美军通信兵照片(编号:CBI-44-30970)
五等技术兵 Tom D. Amer拍摄
美陆军部公共关系部发布
档案来源:美国国家档案馆(CBI Photos\RG 111-SC\Box 474\263141-263180 3441\SC-263144)

▲ 来自加州圣荷西（San Jose, CA）的美陆军二等兵唐纳德·R.勒蒙雷（Donald R. Lemley）正在烤鸡。（1944年8月7日）
美军通信兵照片（编号：CBI-44-30974）
五等技术兵Tom D. Amer拍摄
美陆军部公共关系部发布
档案来源：美国国家档案馆（CBI Photos\RG 111-SC\Box 474\263141-263180 3441\ SC-263142）

▲ 来自马萨诸塞州密德福特(Meadford, MA)的杰里·F.哈利(Jerry F. Haley)二等兵(右)与来自德克萨斯州休斯敦(Houston, TX)的阿尔温·G.尼克尔斯(Alvin G. Nichols)将鸡肉浸入面粉中，准备炸鸡。油炸的鸡肉是为从日军手中收复密支那(Myitkyina)城的士兵们准备的。(缅甸密支那，1944年8月7日)
美军通信兵照片(编号：CBI-44-30971)
五等技术兵 Tom D. Amer 拍摄
美陆军部公共关系部发布
档案来源：美国国家档案馆(CBI Photos\RG 111-SC\Box 474\263141-263180 3441\ SC-263145)

九、赢得第二次缅甸战役　739

▲ 在缅甸难民营，一名美军宪兵微笑地站在漂亮的克钦族（Kachin）姑娘旁，一位老人蹲在近旁。（1944年8月12日）
美军通信兵照片（编号：CBI-44-23236）
R. Reis 中尉拍摄
美陆军部公共信息部发布
档案来源：美国国家档案馆（CBI Photos\RG 111-SC\Box 514\274421-274460 3722\ SC-274433）

▲ C-46飞机向驻缅甸敌占区的第一美军战斗部队投放物资和弹药。
美军通信兵照片（编号：CBI-44-15967）
二等技术兵 Wayne A. Martin 拍摄
出自美驻印陆军部队公共关系部
档案来源：美国国家档案馆（CBI Photos\RG 111-SC\Box 525\277381-277420 3796\ SC-277398）

九、赢得第二次缅甸战役　　741

▲吉普车发动机在密支那至孟拱（Myitkyina-Mogaung）铁路转向了，人们将吉普车抬起离开轨道，转向反方向。在两个城市之间的路上，既没有回转台也没有转换站，因此吉普车是最好的火车车头。（1944年8月26日）
美军通信兵照片（编号：CBI-44-23419）
Grant拍摄
美陆军部公共信息部发布
档案来源：美国国家档案馆（CBI Photos\RG 111-SC\Box 514\274421-274460 3722\ SC-274455）

▲ 中国部队第14师第41团，往密支那（Myitkyina）铁轨上的吉普车里装运物资，物资将运送至缅甸的孟拱（Mogaung）。该铁路由美国工程师管理营运。(1944年9月12日)
美军通信兵照片（编号：CBI-44-16095）
五等技术兵 Tom D. Amer 拍摄
出自美驻印陆军部队公共关系部（1948年7月16日）
美陆军部公共关系部官方发布
档案来源：美国国家档案馆（CBI Photos\RG 111-SC\Box525\SC-277414）

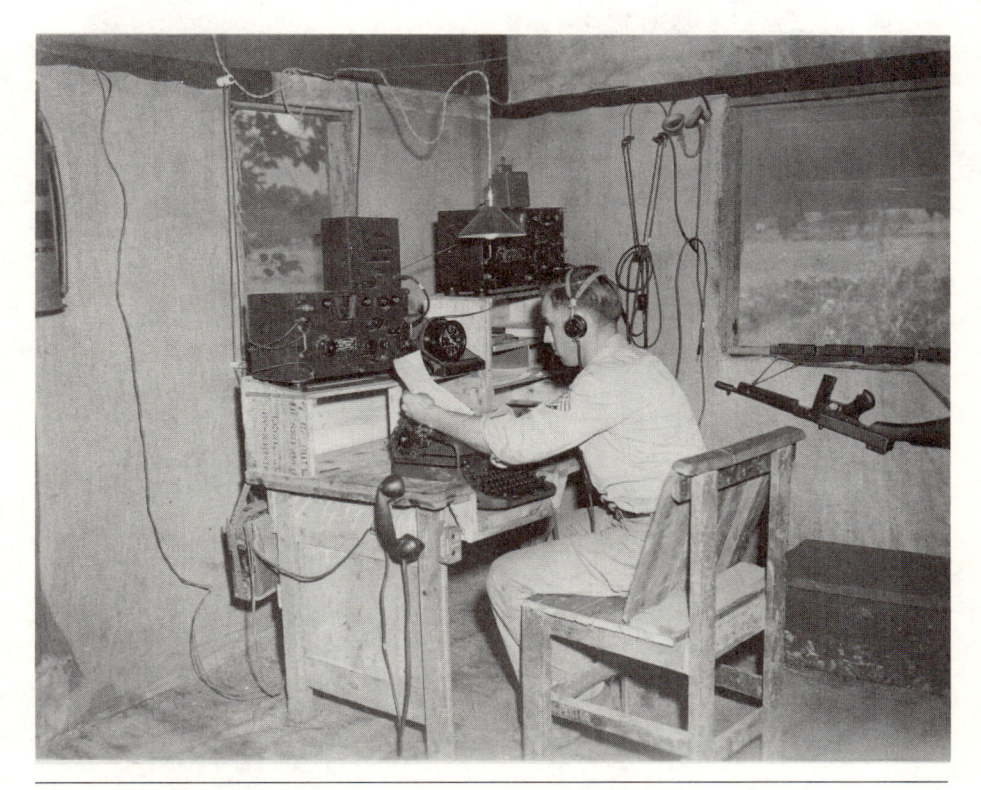

▲ 来自华盛顿州西雅图（Seattle, WA）的四等技术兵B.兰伯特（B. Lambert），在缅甸密支那（Myitkyina, Burma）总部后勤服务处无线电广播室发送无线电报。（1944年9月28日）
美军通信兵照片（编号：CBI-44-23579）
四等技术兵Zimmerman拍摄
出自美驻印陆军部队公共关系部（1948年7月23日）
美陆军部公共关系部官方发布
档案来源：美国国家档案馆（CBI Photos\RG 111-SC\Box 515\274501-274540 3724\ SC-274517）

▲ 接线端子板的后部置于通信大楼后勤服务处，表明了线路的结构。（缅甸密支那，1944年9月28日）
美军通信兵照片（编号：CBI-44-23570）
四等技术兵Zimmerman拍摄
出自美驻印陆军部队公共关系部（1948年7月23日）
美陆军部公共关系部官方发布
档案来源：美国国家档案馆（CBI Photos\RG 111-SC\Box 515\274501-274540 3724\SC-274518）

▲ 缅甸密支那（Myitkyina, Burma）架设的柚木电杆和电话线。(1944年9月28日)
美军通信兵照片（编号：CBI-44-23572）
四等技术兵Zimmerman拍摄
出自美驻印陆军部队公共关系部(1948年7月23日)
美陆军部公共关系部官方发布
档案来源：美国国家档案馆(CBI Photos\RG 111-SC\Box 515\274501-274540 3724\SC-274519)

▲ 密支那（Myitkyina）总部无线电呼救信号（SOS）接线盒和"H"极柱。（1944年9月28日）
美军通信兵照片（编号：CBI-44-23573）
四等技术兵Zimmerman拍摄
美陆军部公共关系部官方发布
档案来源：美国国家档案馆（CBI Photos\RG 111-SC\Box 515\274501-274540 3724\SC-274520）

▲ 缅甸密支那（Myitkyina）呼救信号（SOS）总部无线电广播室无线设备。（1944年9月28日）
美军通信兵照片（编号：CBI-44-23575）
四等技术兵Zimmerman拍摄
出自美驻印陆军部队公共关系部（1948年7月23日）
美陆军部公共关系部官方发布
档案来源：美国国家档案馆（CBI Photos\RG 111-SC\Box 515\274501-274540 3724\SC-274522）

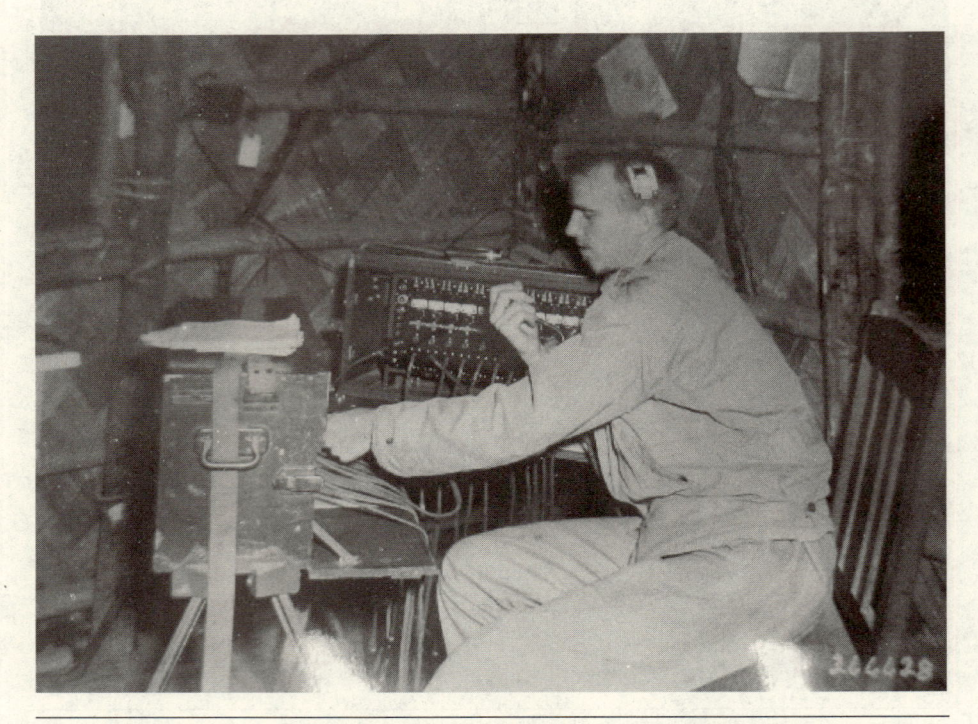

▲ 第835信号服务连,来自伊利诺斯州芝加哥市(Chicago, IL)的五等技术兵斯坦勒·E.尼尔森(Stanley E. Nelson)正在通过架设在缅甸塔家普(Tagap)利多公路(Ledo Road)上的电线接收电话。(1944年5月25日)
美军通信兵照片(编号:CBI-44-26628)
一等技术兵F. L. Andrews拍摄
档案来源:美国国家档案馆(CBI Photos\RG 111-SC\Box 487\266621-266660\266628 3528)

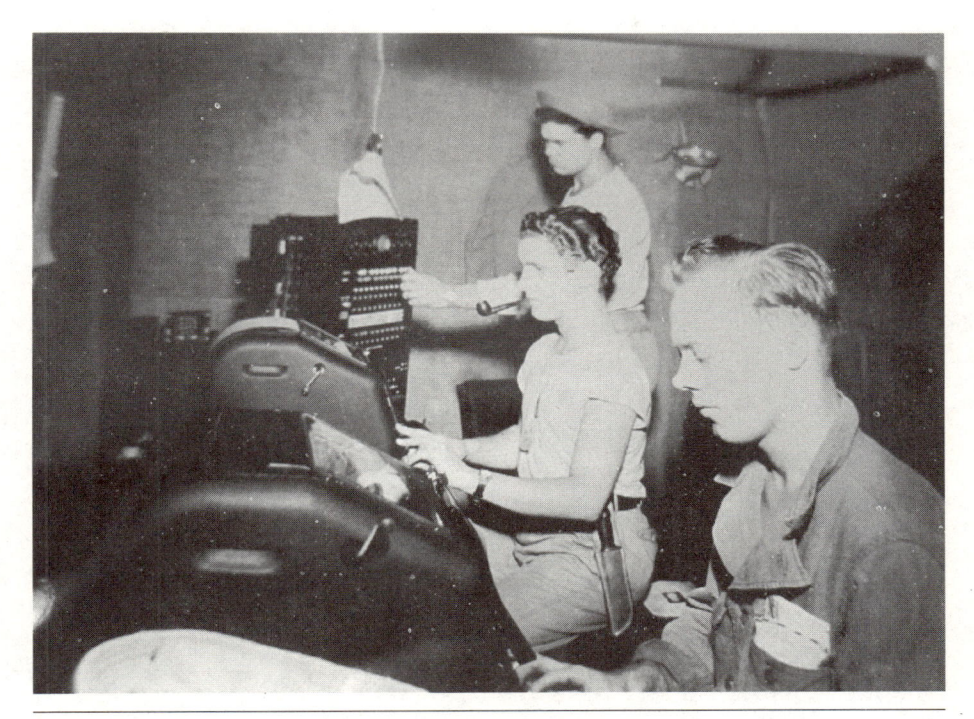

九、赢得第二次缅甸战役　　749

▲ 第835信号服务连的队员在缅北利多公路（Ledo Road）110英里处的新平洋（Shingbwiyang）军用补给品附属仓库的讯息中心工作。离镜头最近者为来自威斯康星州绿湾（Green Bay, WI）的一等技术兵罗伯特·J.德弗罗（Robert J. Devereux），他旁边是来自密歇根州大黑文（Grand Haven, MI）的五等技术兵乔尼·E.兹莫斯（Johnnie E. Szymas），离镜头最远者为来自德克萨斯州霍克市（Hook, TX）的电传维护员，五等技术兵哈瑞尔·W.奈特（Harrel W. Knight）。（1944年5月25日）
美军通信兵照片（编号：CBI-44-266627）
五等技术兵　Tom D. Amer 拍摄
档案来源：美国国家档案馆（CBI Photos\RG 111-SC\Box 487\266621-266660\266627 3528）

▲第4276军需连的士兵们将载重为6x6 2.5吨卡车装载到飞往缅甸密支那(Myitkyina, Burma)的飞机上。因为利多公路(Ledo Road)尚未通至基地,只有在密支那空投供应物资。在第24军备维护连队,车辆被分开装载到卡车上,送往利多飞机跑道处,在此将被装载飞往密支那的飞机上。(1944年10月4日)
美军通信兵照片(编号:CBI-44-23626)
五等技术兵Clare W. Leipnitz拍摄
出自美驻印陆军部队公共关系部(1948年7月23日)
美陆军部公共关系部官方发布
档案来源:美国国家档案馆(CBI Photos\RG 111-SC\Box 515\274501-274540 3724\ SC-274532)

九、赢得第二次缅甸战役　　751

▲ 在离缅甸加迈(Kamaing, Burma)5英里处,通信兵正在架设电话线。(1944年10月5日)

档案来源:美国国家档案馆(CBI Photos\RG 111-SC\Box 515\274501-274540 3724\SC-274534)

▲ 第96通信营 A连高架电线建设队在缅甸加迈 (Kamaing, Burma) 以北5英里处野营，队员们正在准备午餐，一名缅甸本地人在观看。(1944年10月5日)
美军通信兵照片 (编号：CBI-44-23931)
Neuhacher 中士拍摄
出自美驻印陆军部队公共关系部 (1948年7月23日)
美陆军部公共关系部官方发布
档案来源：美国国家档案馆 (CBI Photos\RG 111-SC\Box 515\274501-274540 3724\ SC-274536)

九、赢得第二次缅甸战役　753

▲ 美军士兵经水路将供应物资运送到距加迈（Kamaing）以北 5 英里处的南雅河（Namya）上游。（1944 年 10 月 5 日）
美军通信兵照片（编号：CBI-44-23716）
Neubacher 中士拍摄
出自美驻印陆军部队公共关系部（1948 年 7 月 23 日）
美陆军部公共关系部官方发布
档案来源：美国国家档案馆（CBI Photos\RG 111-SC\Box 515\274501-274540 3724\ SC-274537）

▲新编第22师补充兵员从瓦拉渣（Warazup）抵达缅甸加迈（Kamaing, Burma）后，将物资装载上船。（1944年10月7日）
美军通信兵照片（编号：CBI-44-23720）
Neubacher中士拍摄
出自美驻印陆军部队公共关系部（1948年7月23日）
美陆军部公共关系部官方发布
档案来源：美国国家档案馆（CBI Photos\RG 111-SC\Box 515\274501-274540 3724\SC-274540）

▲ 在印度至缅甸的丛林中，美军士兵骑在大象上，将木料装载到驳船或竹筏上。这些士兵将脚放在坐骑的耳朵旁，控制大象行进方向，他们能说大约80个词的大象语言。图中左边是来自德克萨斯州布克霍尔兹(Buckholts, TX)的路德·米尔(Luther Mill)中士，右边是德克萨斯州格尔伍德(Garwood, TX)的瓦尔特·韦德(Walter Wied)。这是一个以前由印度人运营的伐木厂，美国人接手过来，增加了新的锯子，每天24小时运行，为房屋和机场建设的需要提供木材。

美军通信兵照片

档案来源：美国斯坦福大学胡佛研究所档案馆(Joseph W. Stilwell\Box 106\51001-9.01\Y-7\J.W. Stilwell Collection 51001-10\A-V)

▲ 距缅甸边界仅仅几英里,这里平静安宁。卡车引擎和驳船改建成渡船,河对岸是世界最高的喜马拉雅群山。人们准备搭船渡到河对岸的伐木厂。前排从左至右:弗兰克·阿米利亚(Frank Amelia)下士和3名锡克木工;第二排从左至右:一名印度锡克人,来自德克萨斯州奥德姆市(Odem, TX)的五等技术兵雷·安德伍德(Ray Underwood)、来自亚利桑那州凤凰城(Phoenix, AZ)的罗伯特·霍尔(Robert Hower)中士、德克萨斯州格尔伍德(Garwood, TX)的四等技术兵瓦尔特·韦德(Walter Wied)、德克萨斯州塞格维尔(Seagoville, TX)的比尔·莱维斯(Bill Rives)中士;站在队伍最后面者是来自印第安纳州印第安纳波利斯市(Indianapolis, IN)的达瑞·贝尔(Dario Bell)少校。美军通信兵照片

档案来源:美国斯坦福大学胡佛研究所档案馆(Joseph W. Stilwell\Box 106\51001-9.01\Y-7\J.W. Stilwell Collection51001-10\A-V)

▲ 美军厨师古斯·雷诺(Gus Reynard)上士在缅甸八莫(Bhamo, Burma)市场买水果。
美军通信兵照片
美陆军中缅印战区新闻检查办公室 James R. McIver 签署发布
档案来源：约翰·伊斯特布鲁克(John Easterbrook)

▲ 巴尼·罗塞特（Barney Rosset）在街上买食品。（贵阳，1944年）
纽约市哥伦比亚大学珍本及手稿图书馆巴尼·罗塞特（Barney Rosset）资料库存
资料网址：http://exhibitions.cul.columbia.edu/exhibits/show/rosset
档案来源：美国驻成都总领事馆

▲ 史迪威将军在缅北乘坐平底船过河。这种平底船用来为驻缅北的中国部队运载物资和撤离伤员,这些部队由史迪威将军指挥,接受美军训练。(1944年)
美军通信兵照片
档案来源:约翰·伊斯特布鲁克(John Easterbrook)

▲ 在萨尔温（Salween）前线第71军指挥部，美军人员正准备马匹。
美军通信兵照片（编号：CBI-44-60476）
第164摄影连五等技术兵 W. E. Shemorry 拍摄
出自美陆军部公共关系部
档案来源：美国国家档案馆（CBI Photos\RG 111-SC\Box 345\226937-226976 2534\SC-226947）

▲ 美国亚利桑那州普利斯哥特（Prescott, AZ）的四等技术兵路易斯·W.罗维（Louis W. Lowe）旋转车床上的制动鼓，一位印度帮手将制动衬片固定在刹车片上。（印度，1944年10月26日）
美军通信兵照片（编号：CBI-44-23852）
第164摄影连五等技术兵Milton Koff拍摄
出自美驻印陆军部队公共关系部（1948年7月23日）
美陆军部公共关系部官方发布
档案来源：美国国家档案馆（CBI Photos\RG 111-SC\Box 515\274501-274540 3724\ SC-274514）

▲ 来自加州洛杉矶（Los Angeles, CA）的四等技术兵查理·博迪特（Charlie Burditte）检查员在检查由二等兵保罗·哈格若夫（Paul Hargrove）执行的润滑操作。（1944年10月26日）
美军通信兵照片（编号：CBI-44-23854）
第164摄影连五等技术兵 Milton Koff 拍摄
出自美驻印陆军部队公共关系部（1948年7月23日）
美陆军部公共关系部官方发布
档案来源：美国国家档案馆（CBI Photos\RG 111-SC\Box 515\274501-274540 3724\ SC-274515）

▲ 电线架入通信大楼，缅甸密支那（Myitkyina, Burma）后勤服务总部。(1944年10月27日)
美军通信兵照片（编号：CBI-44-23567）
四等技术兵 Zimmerman 拍摄
出自美驻印陆军部队公共关系部（1948年7月23日）
美陆军部公共关系部官方发布
档案来源：美国国家档案馆（CBI Photos\RG 111-SC\Box 515\274501-274540 3724\ SC-274516）

▲ 在第18动物转运医院，来自衣阿华州鹰林（Eagle Grove, IA）的美国陆军一等兵H. S. 纳森（H. S. Larson）正在帮助来自德克萨斯州沃思堡（Fort Worth, TX）的三等技术兵 H. P. 格尼（H. P. Gilley）用绷带包扎受伤骡子的腿，来自新墨西哥州阿尔伯克 （Albuquerque, NM）的美国陆军一等兵帕布罗·帕德纳（Pablo Padilla）正揪着骡子的 耳朵使它保持安静。（1944年）
美军通信兵照片（编号：CBI-II-44-64195）
Grant拍摄
出自美驻印陆军部队公共关系部（1949年2月14日）
档案来源：美国国家档案馆（CBI Photos\RG 111-SC\Box 522\276701-276740 3779\ SC-276731）

九、赢得第二次缅甸战役　　765

▲ 在昆明怒江前线，在他的小帐篷"家"中，来自加州洛杉矶（Los Angeles, CA）的通信兵摄影师、一等技术兵 G. L. 寇科瑞克（G. L. Kocourek）正在给远在美国的家中父老写信，名叫"明克（Mink）"的中国小朋友在一旁静静地阅读杂志。（1944年10月24日）
美军通信兵照片
Edward R. McCormick 拍摄
档案来源：美国驻成都总领事馆

▲ 位于密支那（Myitkyina）的后勤供应区的新临时军官营房已完成，营房建设由第75工程轻驳船连队完成，木材由第1383工程森林连队提供。(1944年11月16日)
美军通信兵照片（编号：CBI-II-44-65073）
第164摄影连Adams拍摄
出自美驻印陆军部队公共关系部（1949年2月14日）
档案来源：美国国家档案馆（CBI Photos\RG 111-SC\Box 522\276701-276740 3779\ SC-276730）

九、赢得第二次缅甸战役　　767

▲ 来自密执安州底特律市（Detroit, MI）的弗洛瑞恩·A.泽科梅斯特尔（Florian A. Zechmeister）上士任职缅北战区指挥部食堂，他与中国的伙夫们在准备感恩节晚餐的火鸡。（1944年11月22日）
美军通信兵照片（编号：CBI-II-44-65345）
J. B. Carter拍摄
出自美驻印陆军部队公共关系部（1949年2月14日）
档案来源：美国国家档案馆（CBI Photos\RG 111-SC\Box 522\276701-276740 3779\ SC-276736）

▲ 在一辆缴获的日本活动修理车里,来自肯塔基州的萨默塞特(Somerset,KY)四等技术兵杰姆斯·H. 赫伯(James H. Hopper)在操作机床,来自北卡罗来纳州塔尔伯勒(Tarboro,NC)的三等技术士兵伍莱克斯·A.安德鲁斯(Wleks A. Andrews)在操作一台钻床。该活动修理车由一台 7.5KW 的发电机提供动力支持,能产生 110—220V 电压。日军试图销毁这台设备,但是该设备现由美国人控制。(中国昆明,1944 年 11 月 27 日)

美军通信兵照片(编号:CBI-44-62280)

第 164 摄影连一等兵 G. L. Kocourek 拍摄

美陆军部公共关系部发布

档案来源:美国国家档案馆(CBI Photos\RG 111-SC\ Box 412\245701-245740 3005\SC-245710)

▲ 来自俄克拉荷马州塔尔萨(Tulsa, OK)的四等技术兵乔治·米勒(George Miller)与修筑缅甸公路工程师们正在试用新到的罗斯(Ross)载货升降机。(中国昆明，1944年11月30日)
美军通信兵照片(编号：CBI-44-62215)
第164摄影连四等技术兵 George H. Miller 拍摄
美陆军部公共关系部发布
档案来源：美国国家档案馆(CBI Photos\RG 111-SC\Box 412\245661-245700 3004\ SC-245689)

▲ 来自密歇根州埃弗里特(Everett, MI)特种兵威廉·E.莱恩(William E. Line)中士、来自美国罗德岛沃里克耐克(Warwick Neck, RI)的四等技术兵罗伯特·E.坦什(Robert E. Tainsh)正降低D-7 CAT铲车上的齿轮装置。(中国昆明,1944年11月30日)
美军通信兵照片(编号:CBI-44-62221)
第164摄影连四等技术兵Willard E. Baldwin拍摄
美陆军部公共关系部发布
档案来源:美国国家档案馆(CBI Photos\RG 111-SC\Box 412\245661-245700 3004\ SC-245693)

▲ 第779汽油工程连正在组装刚运到的卡车和设备,来自马萨诸塞州汤顿(Taunton, MA)的一等兵詹姆斯·麦考克罗汉(James McCrahan)正在将方向盘等配件重新安装在卡车上。(中国云南,1944年12月1日)
美军通信兵照片(编号:CBI-44-62062)
第164摄影连五等技术兵Thomas A. Ritchie拍摄
美陆军部公共关系部发布(1946年4月1日)
档案来源:美国国家档案馆(CBI Photos\RG 111-SC\Box 412\245661-245700 3004\ SC-245668)

▲ 第779汽油工程连刚刚把卡车及设备运到指定地点。图中是围在护墙内4000桶辛烷值100的汽油。(中国云南，1944年12月1日)
美军通信兵照片(编号：CBI-44-62065)
第164摄影连五级技术兵Thomas A. Ritchie拍摄
美陆军部公共关系部发布(1946年4月1日)
档案来源：美国国家档案馆(CBI Photos\RG 111-SC\Box 412\245661-245700 3004\SC 245669)

▲ 来自田纳西州的查塔努加（Chattanooga,TN）的一等兵兼司务长沃伦·L.史密斯（Warren L. Smith）给小男孩巴斯拉（Basla）食物。这个男孩的父母在密支那（Myitkyina）战斗中丧生，后由修筑缅甸公路的工程师们收养。（中国昆明，1944年12月5日）
美军通信兵照片（编号：CBI-44-62604）
第164摄影连一等技术兵Thomas F. Melvin拍摄
美陆军部公共关系部发布
档案来源：美国国家档案馆（CBI Photos\RG 111-SC\ Box 412\245701-245740 3005\SC 245724）

▲ 战士们观看红十字协会的活动预告公告栏。从左至右：来自纽约州奥尔巴尼（Albany, NY）的一等兵肯尼斯·福特（Kenneth Ford）、来自纽约州杰梅卡（Jamaica, NY）的五等技术兵弗洛德·格劳德兹克（Floyd Grodotzke）、来自云南昆明的王莉莉（Lilly W. Wong）、来自美国乔治亚州萨瓦纳（Savannah, GA）的美国红十字会成员艾琳·怀特塞德（Aline Whiteside）以及来自马萨诸塞州伍斯特（Worcester, MA）的二等兵蒂莫西·马古匹斯（Timothy Margoupis）。（中国昆明，1944年12月7日）
美军通信兵照片（编号：CBI-44-62172）
第164摄影连二等兵 David E. Albert 拍摄
美陆军部公共关系部发布
档案来源：美国国家档案馆（CBI Photos\RG 111-SC\Box 412\245661–245700 3004\SC 245679）

九、赢得第二次缅甸战役　775

▲ 切维斯（G. X. Cheves）少将在第14招待所巡视期间，视察昆明的美国红十字会的厨房设施。（中国昆明，1944年12月11日）
美军通信兵照片（编号：CBI-44-62237）
第164摄影连一等技术兵Thomas F. Melvin拍摄
美陆军部公共关系部发布
档案来源：美国国家档案馆（CBI Photos\RG 111-SC\Box 412\245701-245740 3005\SC-245701）

▲ 在对昆明第14招待所视察之旅中，切维斯（G. X. Cheves）少将向来自威斯康星州密尔沃基（Milwaukee, WI）的尤金·F.苏特纳（Eugene F. Suttner）中士和来自密苏里州迦太基（Carthage, MO）的第835信号服务连的J.费廷（J. Fetting）中士询问有关无线电和打字机修理店的技术设备问题，旁边是来自德克萨斯州休斯敦（Houston, TX）的约瑟夫·S.威尔逊（Joseph S. Wilson）上士。（中国昆明，1944年12月11日）
美军通信兵照片(编号：CBI-44-62231)
第164摄影连一等技术兵 Thomas F. Melvin 拍摄
美陆军部公共关系部发布
档案来源：美国国家档案馆（CBI Photos\RG 111-SC\Box 412\245661-245700 3004\SC-245698）

▲ 位于缅甸新平洋基地(Shingbwiyang Base, Burma)附近利多公路(Ledo Road)边的一个山顶上的美军公墓。(1944年9月29日)
美军通信兵照片(编号：CBI-44-23668)
五等技术兵Clare W. Leipnitz拍摄
出自美驻印陆军部队公共关系部(1948年7月23日)
美陆军部公共关系部官方发布
档案来源：美国国家档案馆(CBI Photos\RG 111-SC\Box 515\274501-274540 3724\ SC-274527)

▲ 位于印度阿萨姆邦潘诺图拉（Panatola, Assam, India）附近的美军墓地。（1945年6月12日）
美军通信兵照片（编号：CBI-45-30002）
五等技术兵McCance拍摄
出自美驻印陆军部队公共关系部（1948年5月12日）
档案来源：美国国家档案馆（CBI Photos\RG 111-SC\Box 525\277381-277420 3796\ SC-277458）

九、赢得第二次缅甸战役　779

▲ 来自乔治亚州亚特兰大（Atlanta, GA）的威廉·德洛奇（William DeLoach）中尉在地图上指出13名航空队员在缅甸丛林失事的地点，其他3名查看地图人员将前往失事地点搜索C-47飞机残骸，并带回机上人员的遗体。（印度阿萨姆，1945年8月7日）
美军通信兵照片（编号：CBI-45-30425）
出自美陆军部队公共关系部（1948年5月12日）
档案来源：美国国家档案馆（CBI Photos\RG 111-SC\Box 525\277421-277460 3797/SC-277432）

▲ 13名空军士兵在缅甸丛林执行任务时被日军击落,飞机失事8个月后,战士们的遗体被驻印军阿萨姆邦查布亚(Chabua, Assam, India)军需处第105墓地登记小队队员找到。图为战士们的遗体从汀江(Dinjan)C-47飞机上移下来,将由卡车运送到印度阿萨姆邦潘诺图拉(Panatola)的美军墓地。(1944年8月17日)
美军通信兵照片(编号:CBI-45-30457)
四等技术兵 Dutton 拍摄
出自美驻印陆军部队公共关系部(1948年5月12日)
档案来源:美国国家档案馆(CBI Photos\RG 111-SC\Box 525\277381-277420 3796\SC-277453)

九、赢得第二次缅甸战役　781

▲ 两架为中国抗战部队运送弹药的飞机在缅甸丛林被敌击落，13名美军战士牺牲。飞机失事8个月后，美军军需处第105墓地登记小队队员在缅甸丛林中搜寻了12天，找回战士们的遗体并将他们带回印度阿萨姆邦潘诺图拉（Panatola, Assam, India）的美军墓地安葬。图为安葬仪式。(1944年8月19日)
美军通信兵照片（编号：CBI-45-30462）
四等技术兵 Dutton 拍摄
出自美驻印陆军部队公共关系部（1948年5月12日）
档案来源：美国国家档案馆（CBI Photos\RG 111-SC\Box 525\277381-277420 3796\SC-277454）

▲ 在印度阿萨姆邦潘诺图拉(Panatola, Assam, India)的美军墓地，密歇根州底特律(Detroit, MI)的随军牧师威廉姆·E.鲍尔斯(William E. Powers)为13名在缅甸丛林中阵亡的美军空中运输部队战士举行葬礼，遗骸是由位于印度阿萨姆邦查巴(Chabua, Assam, India)的军需处第105墓地登记小队队员从坠机现场找到的。(1944年8月19日)
美军通信兵照片(编号：CBI-45-30459)
四等技术兵Dutton拍摄
出自美驻印陆军部队公共关系部(1948年5月12日)
档案来源：美国国家档案馆(CBI Photos\RG 111-SC\Box 525\277381-277420 3796\ SC-277455)

▲ 美军为中国战斗部队运送弹药时，在缅甸丛林，两架飞机被敌机击落，机上13名人员牺牲。图为在印度阿萨姆邦潘诺图拉(Panatola, Assam, India)美军墓地为牺牲的战士举行的葬礼。(1944年8月19日)
美军通信兵照片(编号：CBI-45-30457)
四等技术兵Dutton拍摄
出自美驻印陆军部队公共关系部(1948年5月12日)
档案来源：美国国家档案馆(CBI Photos\RG 111-SC\Box 525\277381-277420 3796\SC-277453)

▲ 葬礼的号角为13名在缅甸飞机失事中牺牲的战士吹响,他们将安息在印度阿萨姆邦潘诺图拉(Panatola, Assam, India)的美军墓地。(1945年8月19日)
美军通信兵照片(编号:CBI-45-30464)
四等技术兵Dutton拍摄
出自美驻印陆军部队公共关系部(1948年5月12日)
档案来源:美国国家档案馆(CBI Photos\RG 111-SC\Box 525\277381-277420 3796\SC-277457)

(六)医疗服务

▲ 在史迪威将军指挥下,有一支不惧艰辛救死扶伤的医疗队伍,他们为战争的胜利作出了杰出的贡献。其中美国医生戈登·S.西格雷夫(Gordon S. Seagrave)带领的一支外国平民女子医疗队的功绩可歌可泣。西格雷夫本来是美国浸礼教会派到缅甸工作的外科医生,1942年3月,他要求作战效力,史迪威将军任命他为美军少校。西格雷夫医生在丛林中建立了一个战地医院,并培训了一批缅甸护士,西格雷夫医疗队为由美国在印度重新装备和训练,然后进入缅甸作战的中国部队,为修筑利多公路(Ledo Road)的美国工兵服务。医疗队因其在缅北前线、高山丛林中表现出的坚韧不拔的毅力、不屈不挠的精神和对伤员的体谅照顾赢得了极大的赞誉。史迪威将军视察部队时,经常去看望西格雷夫和那些在血与汗中不知疲倦尽心竭力工作的缅甸护士。图为护士在前线工作。

档案来源:美国斯坦福大学胡佛研究所档案馆(Joseph W. Stilwell\Box 89\HHH 1 J.W. Stilwell 51001-10 A-V-EEE3)

▲ 在萨尔温江(Salween River)前线受伤战士正在被送往急救站。
档案来源：美国斯坦福大学胡佛研究所档案馆(Joseph W. Stilwell\Box 89\HHH 1 J.W. Stilwell 51001-10 A-V)

九、赢得第二次缅甸战役　　787

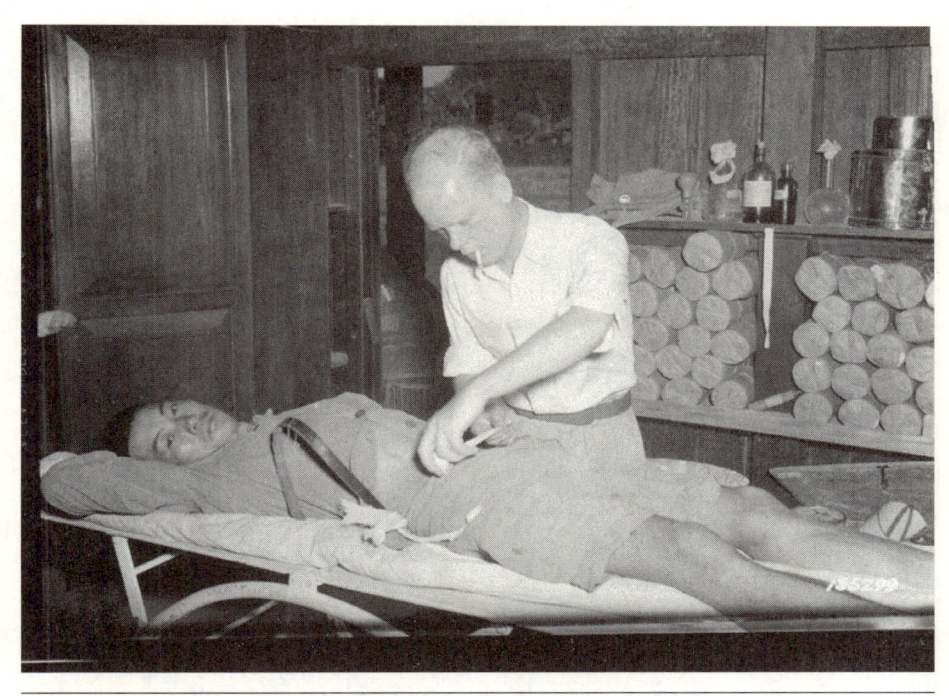

▲ 医疗队医生在缅甸前线战地医院工作。(1942年)
美军通信兵照片(编号：135299)
Eldridge上尉拍摄
档案来源：美国国家档案馆(CBI Photos\RG 111-SC\Box 53\Seagrave\135298-135337\506)

▲ 美军医疗队的护士们。从左至右：来自俄亥俄州哥伦比亚市（Columbus, OH）的露丝·瓦尔特斯（Ruth Walters）中尉、来自密执安州底特律市（Detroit, MI）的二等兵杰克·S.利弗尔诺伊思（Jack S. Livernois）、来自肯塔基州路易斯维尔市（Louisville, KY）的弗朗西斯·瑞尼（Frances Riney）。露丝和弗朗西斯是驻新平洋（Shingbwiyang）陆军护士中的第一批白人女护士，她们服务于第20总医院。（1943年12月27日）
美军通信兵照片（编号：CBI-XX-20417）
三等技术兵Grigg拍摄
美陆军部公共信息部发布
档案来源：美国国家档案馆（CBI Photos\RG 111-SC\Box 514\274221-274260 3718\SC-274258）

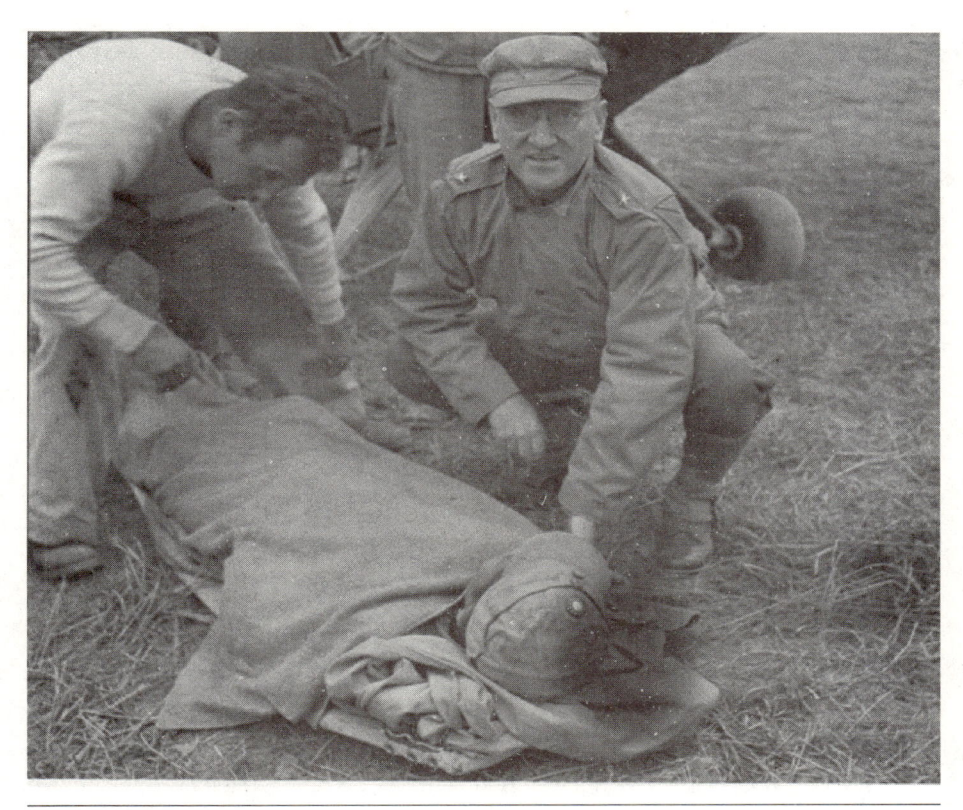

九、赢得第二次缅甸战役　　789

▲ 在缅甸新平洋（Shingbwiyang, Burma），部队指挥员海顿·L.波特纳（Haydon L. Boatner）准将与受伤中国士兵谈话。波特纳将军来自路易斯安那州新奥尔良市（New Orleans, LA），能说流利的中文。（1944年1月8日）
美军通信兵照片（编号：CBI-XX-20414）
三等技术兵Grigg拍摄
美陆军部公共信息部发布
档案来源：美国国家档案馆（CBI Photos\RG 111-SC\Box 514\274221-274260 3718\SC-274259）

▲ 受伤的中美士兵接受紧急救治后,被送到后方医院治疗。整个3日晚及4日上午,这些士兵一直在缅甸孟关(Maingkwan,Burma)附近的胡康河谷(Hukawng Valley)与敌人作战。(1944年3月4日)
美军通信兵照片
五等技术兵Clare W. Leipnitz拍摄
美陆军部公共关系部官方发布
档案来源:美国国家档案馆(CBI Photos\RG 111-SC\Box 474\263221-263260\SC-263249)

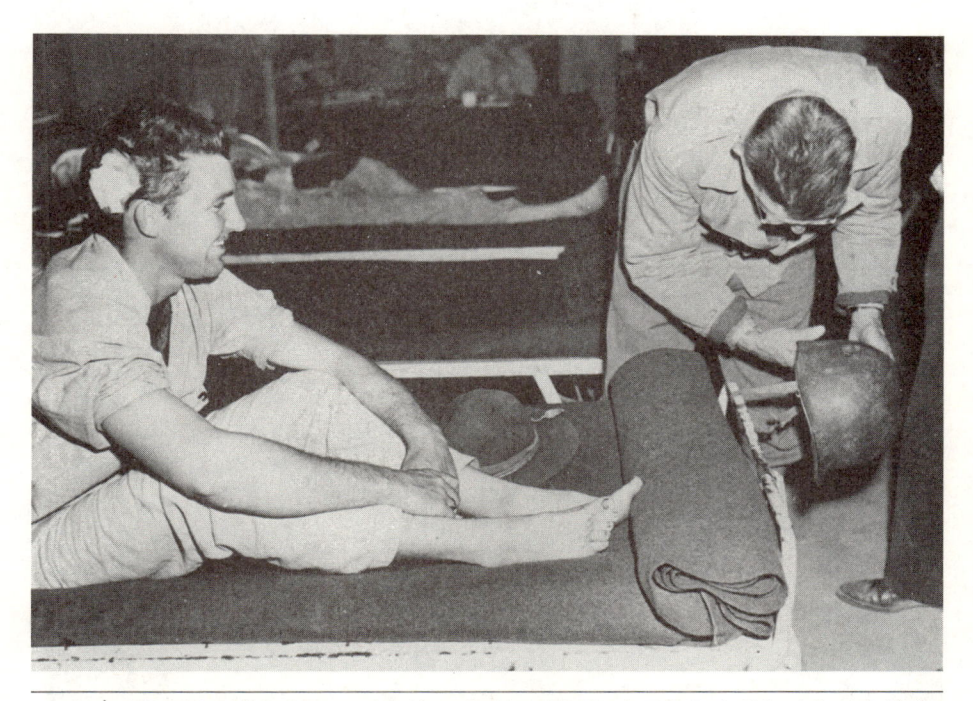

▲ 史迪威将军在阿萨姆（Assam）野战医院看望受伤的"孩子们"，中美部队向缅北推进中，霍尔·C.弗雷（Hower C. Finlay）的钢盔被日军榴散弹片穿透，霍尔头部受轻伤，史迪威将军饶有兴趣地观看被弹片穿透的钢盔。（1944年3月12日）

档案来源：美国国家档案馆（Joseph W. Stilwell Photo\208-PU-103S Folder 2）

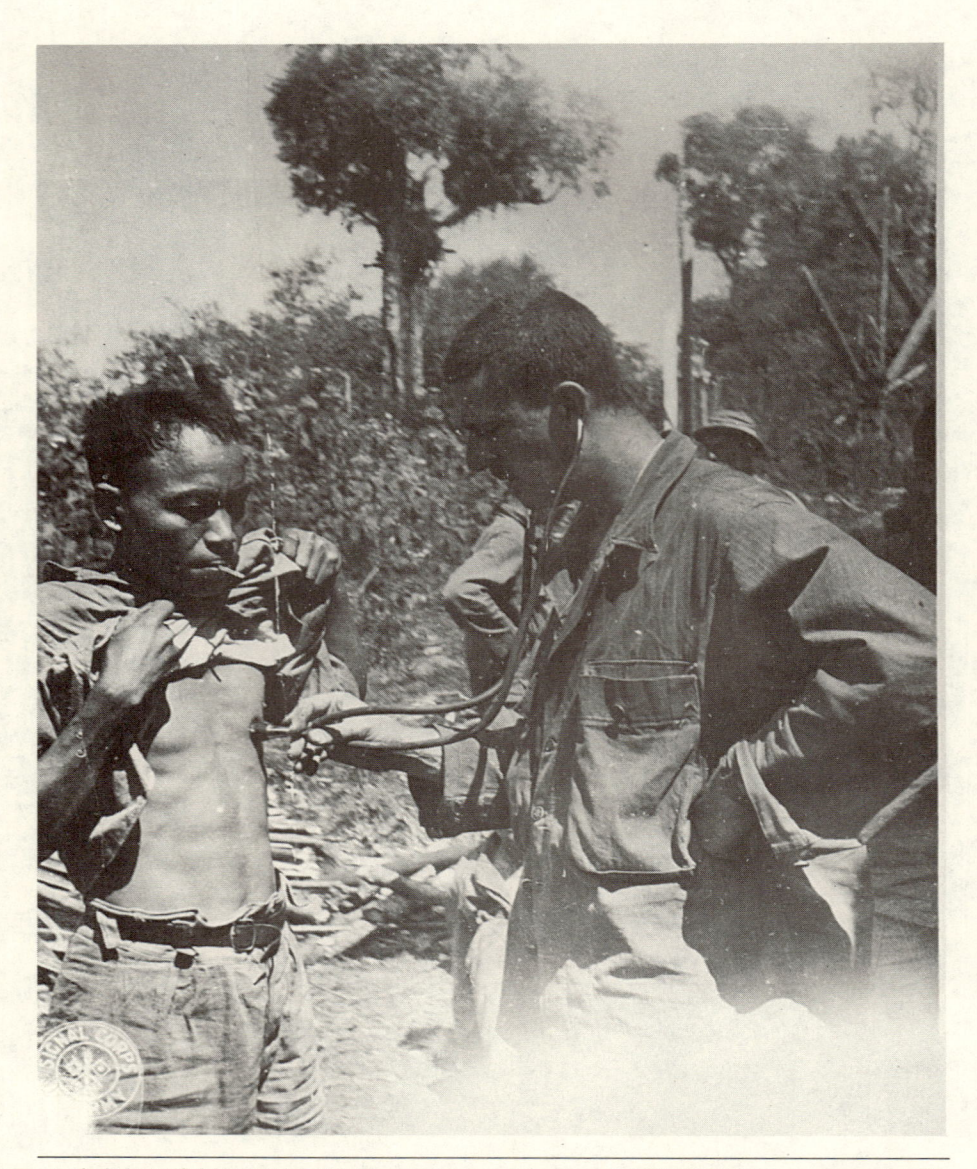

▲ 来自加州洛杉矶怀特堡(Whitecastle, Los Angeles, CA)的舒马克(Schumake)少校在缅甸赞班(Jan Pan, Burma)给一位当地的士兵检查心跳。(1944年3月)
美军通信兵照片(编号：XX-15881)
一等兵 F. L. Andrews 拍摄
美国陆军公共关系部发布(1944年5月25日)
档案来源：美国国家档案馆(CBI Photos\RG 111-SC\Box 212\189626-189665\SC-189662)

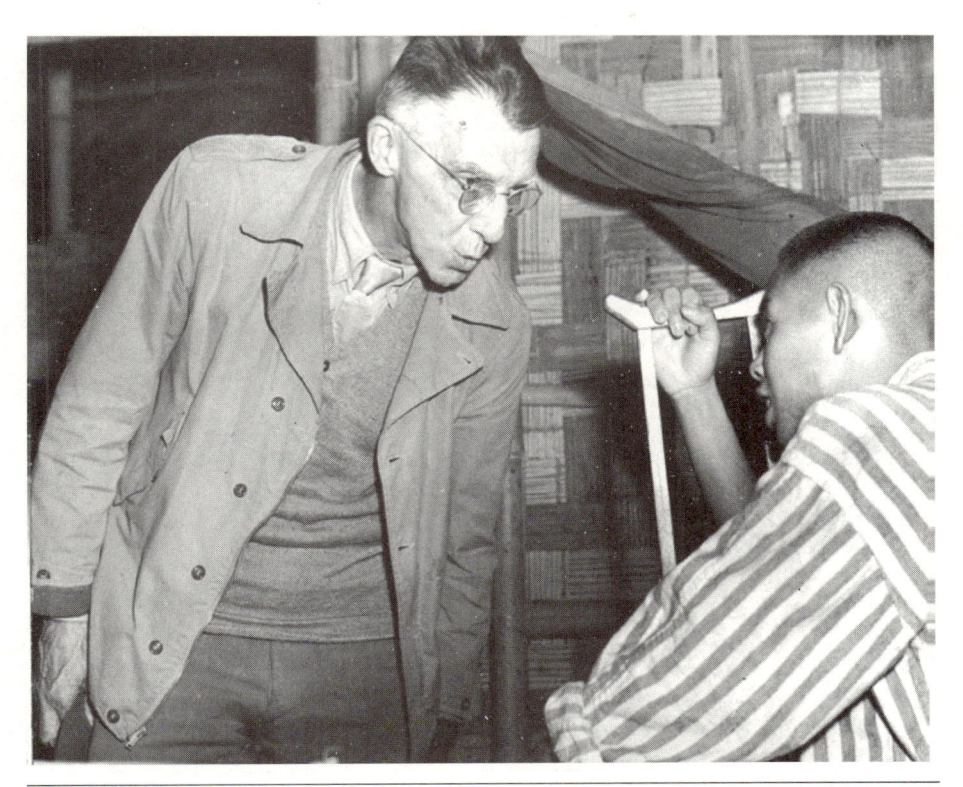

▲ 史迪威关心中国士兵犹如自己的孩子，对在战场上受伤的战士给予特别的关心，他坚持把受伤的士兵运回野战医院治疗，还用飞机把重病号送到利多（Ledo）的总医院。当院长抱怨斑疹伤寒病房缺乏电扇时，他马上给德里（Delhi）的副手们去电报，让他们及时送来150个吊扇、60个落地扇和11台空调，以至于东南亚盟军最高司令居住的帝国饭店的电扇、空调被一扫而空。图为史迪威将军在印度阿萨姆邦（Assam, India）访问第20总医院期间，与接受过美军训练的一名受伤中国士兵交谈。该士兵在缅北战斗中受伤，在医院接受康复治疗。（1944年3月）
美联社照片
Bob Bryant 拍摄
美国国家档案馆存（Joseph W. Stilwell Photo\208-PU-193 R\S991344）
档案来源：东方IC

▲ 在密支那（Myitkyina）机场附近，西格雷夫医疗队医治中、美、日伤员。(1944年5月19日)
美军通信兵照片（编号：CBI-44-15995）
二等技术兵 Wayne A. Martin 拍摄
美陆军部公共关系部官方发布
档案来源：美国国家档案馆(CBI Photos\RG 111-SC\Box 525\277381-277420 3796\SC-277402)

▲ 在缅甸密支那(Myitkyina, Burma)机场附近,西格雷夫医疗队的医师们在擦洗消毒,准备外科手术。(1944年5月19日)
美军通信兵照片(编号:CBI-44-16014)
出自美驻印陆军部队公共关系部(1948年7月16日)
美陆军部公共关系部官方发布
档案来源:美国国家档案馆(CBI Photos\RG 111-SC\Box 525\277381-277420 3796\SC-277406)

▲ 史迪威将军与来自宾夕法尼亚州费城（Philadelphia, PA）的 I. S. 拉维丁（I. S. Ravdin）上校交谈1942年以来在阿萨姆（Assam）医院收治伤员进展情况。拉维丁上校是第20总医院的负责人。（1944年7月13日）
美军通信兵照片（编号：CBI-44-21343）
第164摄影连四等技术兵 Warren A. Boecklen 拍摄
档案来源：美国斯坦福大学胡佛研究所档案馆（Joseph W. Stilwell\Box 89\HHH 2 J.W. Stilwell 51001-10 A-V）

▲ 史迪威将军视察密支那（Myitkyina）返回登机前，停下来询问一受伤日军俘虏，随后，这名受伤日本军人被抬上史迪威将军专机，飞往后方住院治疗。（缅甸，1944年7月13日）
美军通信兵照片（编号：CBI-44-21350）
第164摄影连四等技术兵 Warren A. Boecklen 拍摄
美陆军部公共信息部发布
档案来源：美国国家档案馆（CBI Photos\RG 111-SC\Box 514\274341-274380 3721\SC-274362）

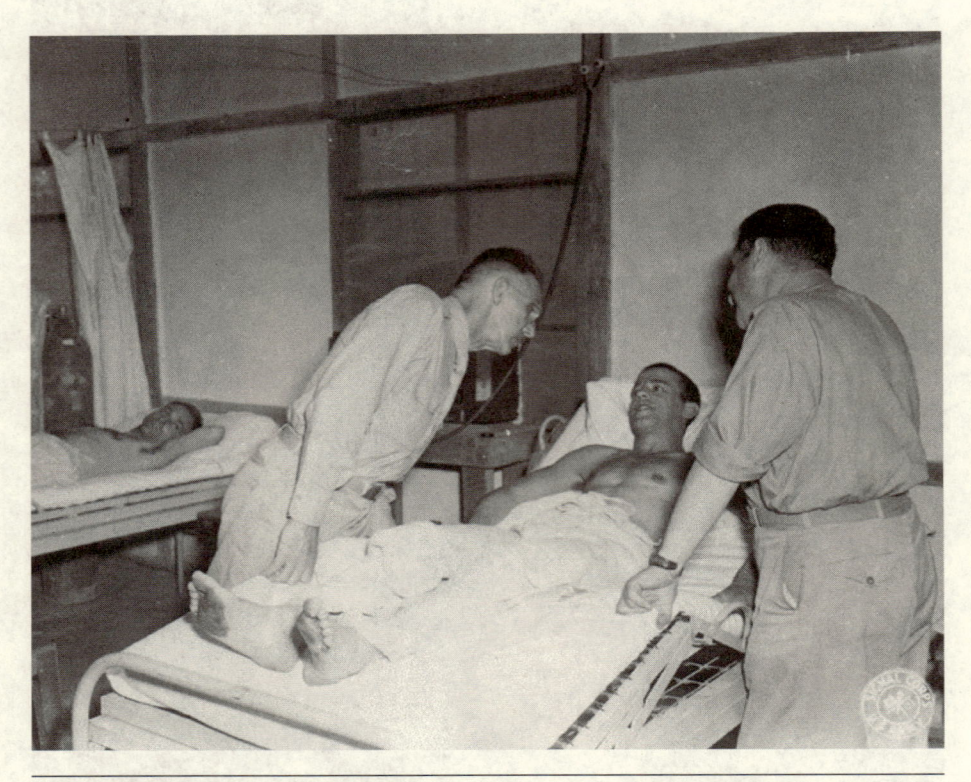

▲ 史迪威将军与第20总医院的I. S.拉维丁（I. S. Ravdin）上校在医院探望来自马萨诸塞州南桥（South Bridge, MA）的一等兵约翰·P.贝尔巴（John P. Belba）。（1944年7月13日）
美军通信兵照片（编号：CTB-44-21354）
第164摄影连四等技术兵 Warren A. Boecklen 拍摄
档案来源：约翰·伊斯特布鲁克（John Easterbrook）

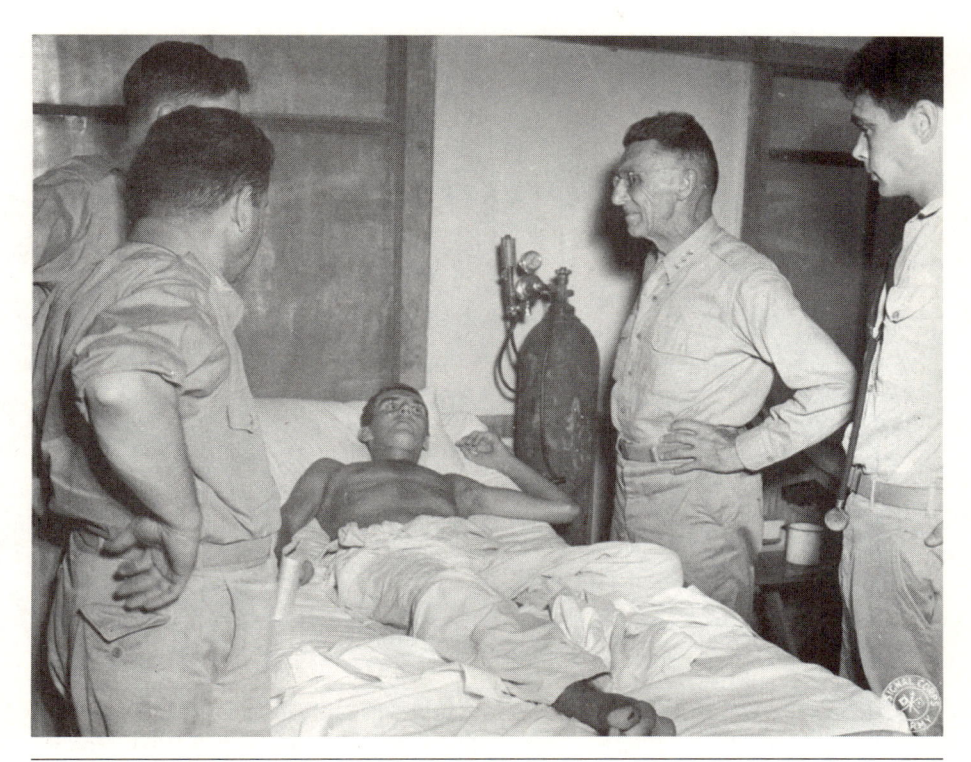

九、赢得第二次缅甸战役　　799

▲ 史迪威将军与来自宾夕法尼亚州费城（Philadelphia, PA）的约翰·J.塞恩（John J. Sayen）中尉在后方医院看望正在康复的伤员，倾听来自纽约欧维德（Ovid, NY）的罗威尔·肯杨（Lowell Kenyon）中士讲述美军在密支那（Myitkyina）的战况，受伤的战士在密支那战斗中受伤，在后方医院接受治疗。背对镜头者为第20总医院的I. S.拉维丁（I. S. Ravdin）上校，他也来自宾夕法尼亚州费城（Philadelphia, PA）。（1944年7月13日）
美军通信兵照片（编号：CTB-44-21354）
第164摄影连四等技术兵Warren A. Boecklen拍摄
档案来源：约翰·伊斯特布鲁克（John Easterbrook）

▲ 史迪威将军创建了康复中心，使伤残士兵得到良好的医治，并学习各种技艺，为他们离开部队回到平民生活中能有一技之长，自立自强。图为在利多公路(Ledo Road)旁的康复营，史迪威将军脱去宽边毡帽，对中国退伍兵们讲话，这些在战场上受伤致残的年轻士兵回到普通人的生活前，在康复营学习各种技能，如铁匠、编织、木工等。
(1944年7月15日)
美军通信兵照片
第164摄影连四等技术兵Warren A. Boecklen拍摄
档案来源：美国斯坦福大学胡佛研究所档案馆(Joseph W. Stilwell\Box 89\HHH 1 J.W. Stilwell 51001-10 A-V-EEE3)

▲ 史迪威将军访问利多公路（Ledo Road）旁的康复营，并用流利的中文询问这些伤残中国退役军人的伤情，史迪威将军亲临亲问令这些伤残人员既惊讶又感动。（1944年7月18日）
美军通信兵照片（编号：CBI-44-21346）
第164摄影连四等技术兵 Warren A. Boecklen 拍摄
美陆军部公共信息部发布
档案来源：美国国家档案馆（CBI Photos\RG 111-SC\Box 514\274341–274380 3721\SC-274363）

▲ 在利多公路(Ledo Road)旁的康复营,史迪威将军脱掉宽边毡帽,与年轻的中国退役军人们交谈。这些战场上受伤的人员在中美共同管理的营地学习木工、编织、铁工等各种技能,以便日后回到老百姓生活中能自立。(1944年7月18日)
美军通信兵照片(编号:CBI-44-21358)
第164摄影连四等技术兵 Warren A. Boecklen 拍摄
美陆军部公共信息部发布
档案来源:美国国家档案馆(CBI Photos\RG 111-SC\Box 514\274341-274380 3721\ SC-274364)

▲ 史迪威将军看望利多公路（Ledo Road）旁康复营中的中国退伍军人。（1944年7月18日）
美军通信兵照片（编号：CBI-44-21360）
第164摄影连四等技术兵 Warren A. Boecklen 拍摄
档案来源：约翰·伊斯特布鲁克（John Easterbrook）

▲ 在利多公路(Ledo Road)旁的中国军队伤员康复营,来自威斯康星州绿湾(Green Bay, WI)的P. C.贝尔克(P. C. Beilke)中尉向史迪威将军解释PX系统。(1944年7月18日)
美军通信兵照片(编号:CBI-44-21336)
第164摄影连四等技术兵Warren A. Boecklen拍摄
美陆军部公共信息部发布
档案来源:美国国家档案馆(CBI Photos\RG 111-SC\Box 514\274341-274380 3721\ SC-274358)

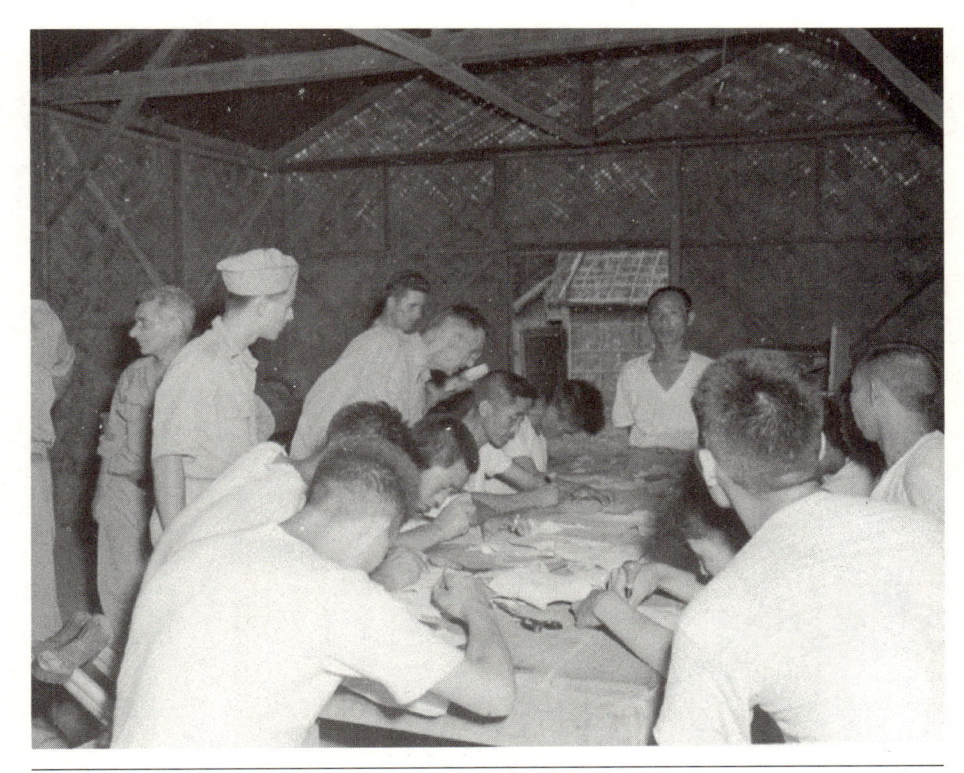

▲ 在利多公路（Ledo Road）旁史迪威将军为中国军队伤员建立的康复营里，史迪威将军与来自威斯康星州绿湾（Green Bay, WI）的 P. C.贝尔克（P. C. Beilke）中尉（左）观看伤员们在工作台进行皮革工作，中国教员在指导他们工作。（1944年7月18日）
美军通信兵照片（编号：CBI-44-21340）
第164摄影连四等技术兵 Warren A. Boecklen 拍摄
美陆军部公共信息部发布
档案来源：美国国家档案馆（CBI Photos\RG 111-SC\Box 514\274341-274380 3721\SC-274365）

▲ 史迪威将军与利多公路(Ledo Road)旁康复营地的工作人员见面。(1944年7月18日)
美军通信兵照片(编号：CBI-44-21339)
第164摄影连四等技术兵Warren A. Boecklen拍摄
美陆军新闻检查办公室同意发布
档案来源：约翰·伊斯特布鲁克(John Easterbrook)

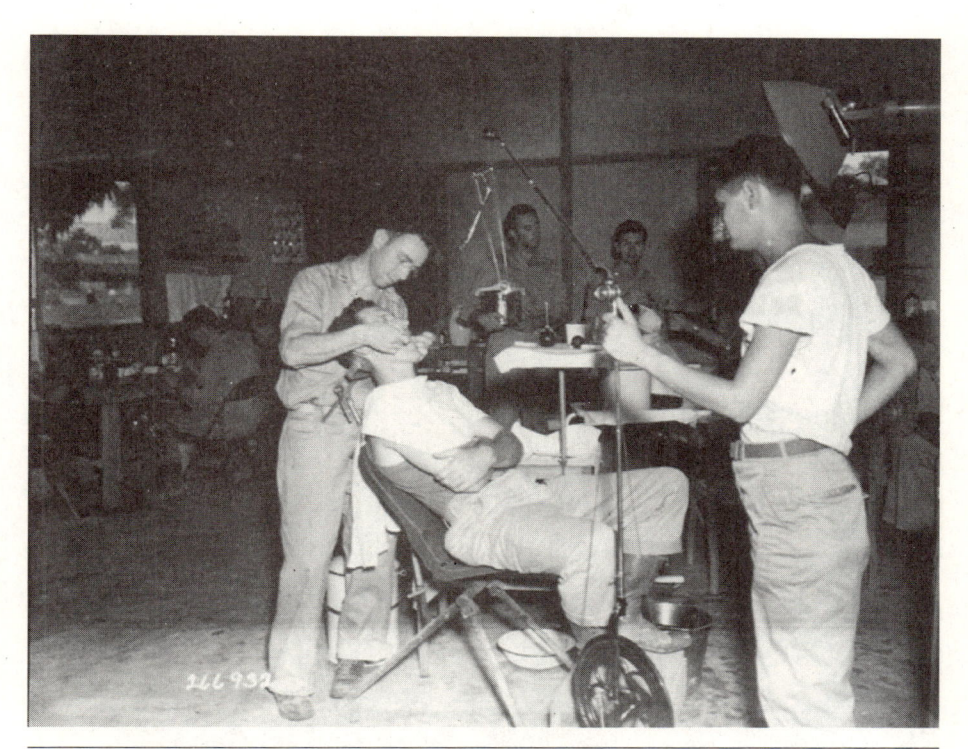

▲ 在缅甸集结待命区第14动物转运医院,为"梅里尔突击队"(Merrill's Marauders)的队员开设的牙医诊所。(1944年)
美军通信兵照片(编号:CBI-44-23001)
R. Reis中尉拍摄
美陆军公共信息部发布
档案来源:美国国家档案馆(CBI Photos\RG 111-SC\Box 488\266901-266940 3535\SC-266932)

▲ 新编第 22 师第 65 团第 3 营的李少校与来自特拉华州威尔明顿（Wilmington, DE）的第 65 团医官康拉德·马斯尔斯（Conrad Musles）上尉正在看缴获的日本旗。（缅甸，1944 年）
美军通信兵照片（编号：CBI-44-22932）
Thomas Fanning 拍摄
美陆军公共信息部发布
档案来源：美国国家档案馆（CBI Photos\RG 111-SC\Box 488\266901-266940 3535\SC-266922）

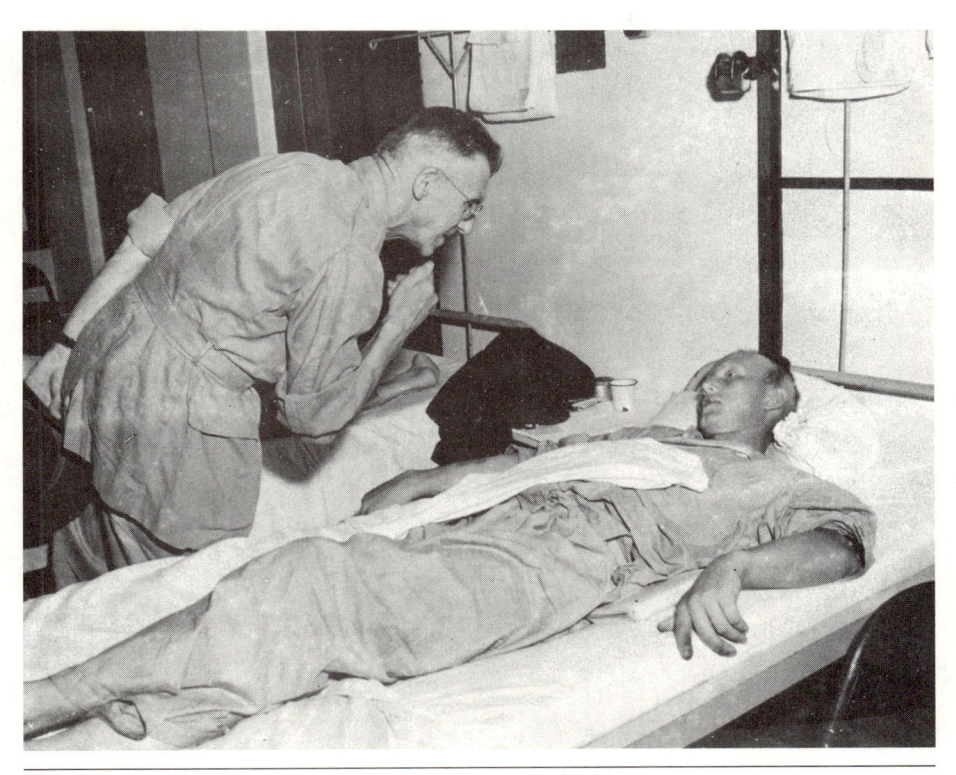

▲ 史迪威将军在视察中缅印战区美陆军医院时,与病员美陆军二等兵乔治·E.希拉里(George E. Hillary)交谈。(1944年)
档案来源:美国国家档案馆(Joseph W. Stilwell Photo\208-PU-103S Folder 2)

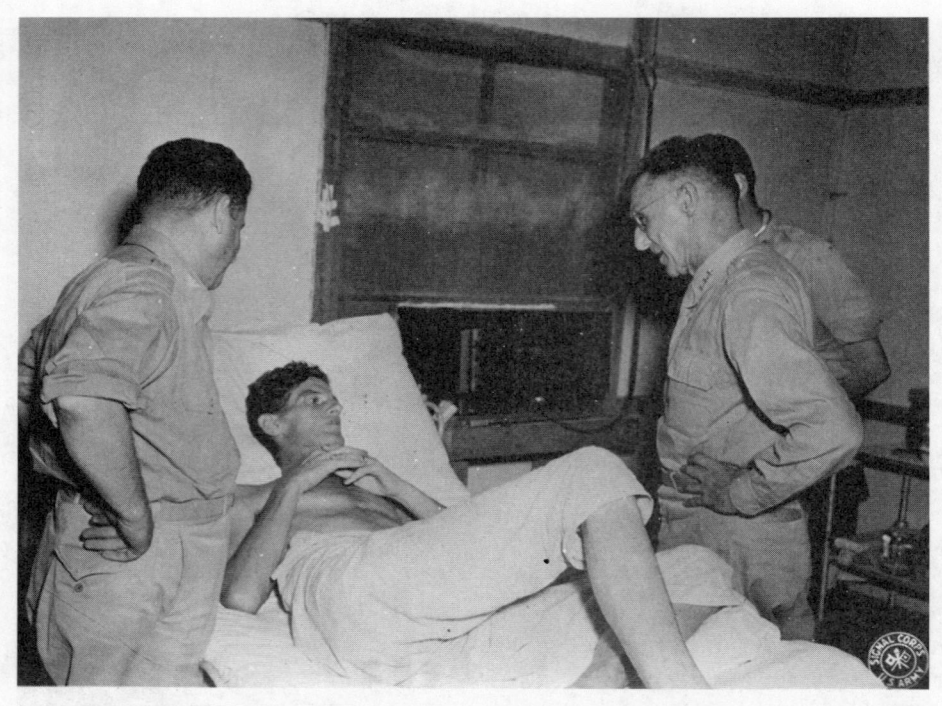

▲ 史迪威将军访问缅北后方医院。史迪威将军从受伤皇家工程人员欧内斯特·O.里奇（Ernest O. Rich）下士那里了解有关英国驻印军特种部队（Chindits,"钦迪特"）作战的第一手信息。为扰乱日军后方供给线，里奇下士与空降部队着陆时受伤。
美军通信兵照片（编号：CBI-101）
美军战争信息办公室发布
档案来源：美国国家档案馆（Joseph W. Stilwell Photo 208-PU-193H）

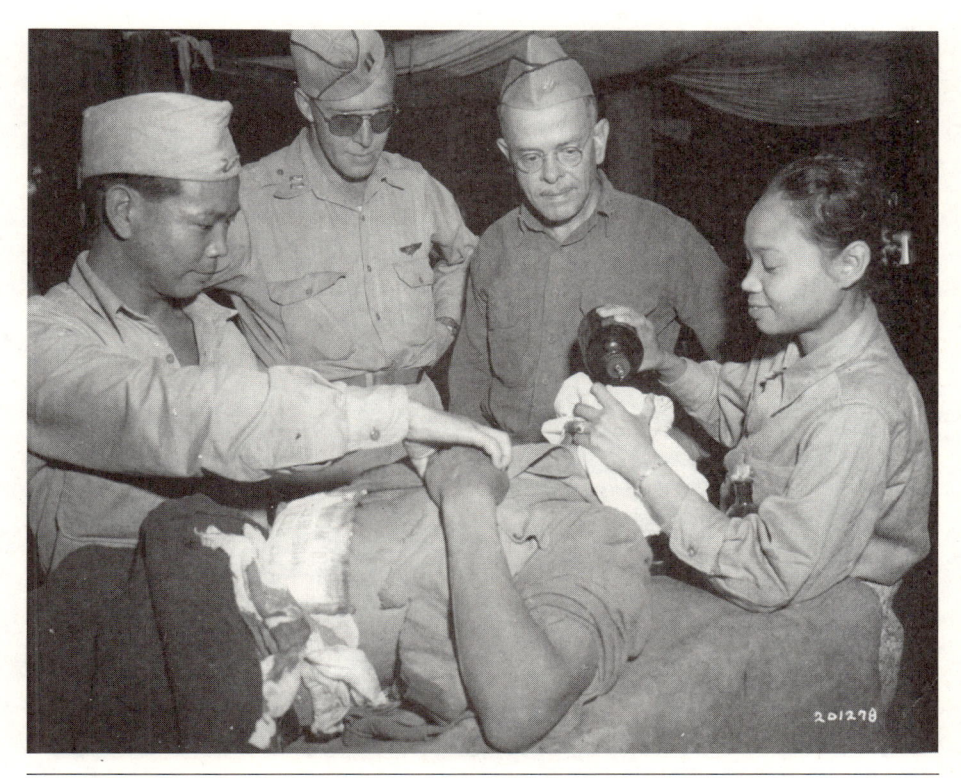

▲ 戈登·S.西格雷夫（Gordon S. Seagrave，左三）医生在观看缅甸本地护士为伤员进行小手术。
美军通信兵照片（编号：IBT-45-57）
档案来源：美国国家档案馆（CBI Photos\RG 111-SC\Box 253\201273-201312 1880\SC-201278）

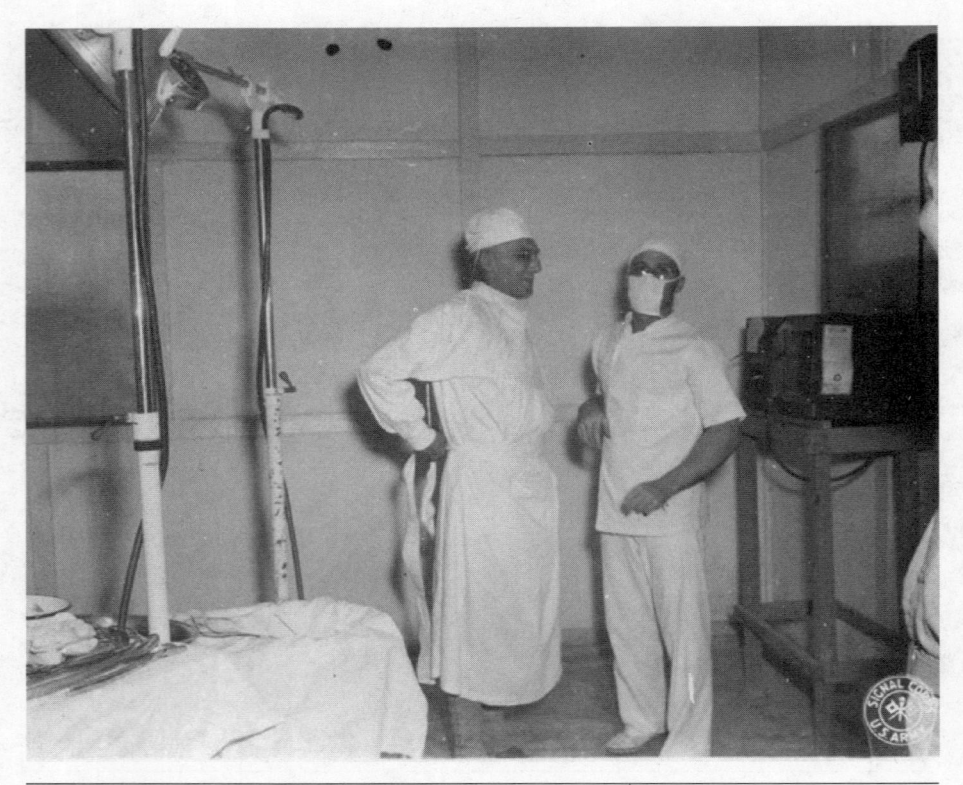

▲ 在印度阿萨姆(Assam, India)后方医院视察期间,史迪威将军(左一)进入手术室以前,穿上白大褂,戴上白帽子。(1944年7月18日)
美军通信兵照片(编号:CBI-44-21338)
第164摄影连四等技术兵 Warren A. Boecklen 拍摄
美陆军部公共信息部发布
档案来源:美国国家档案馆(CBI Photos\RG 111-SC\Box 514\274341-274380 3721)

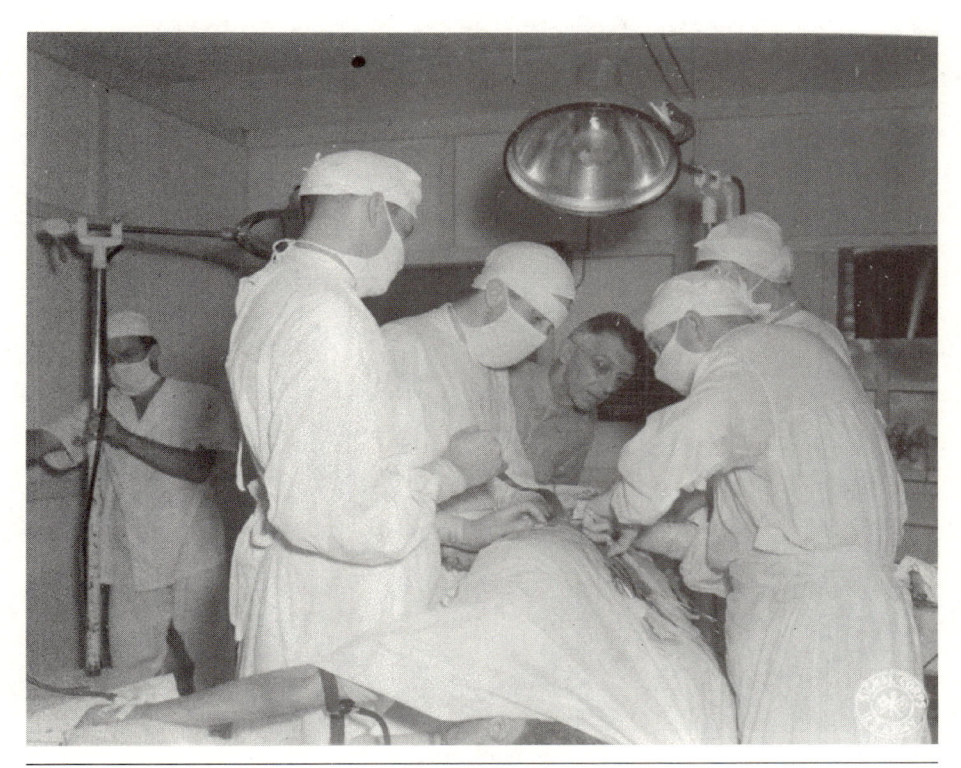

▲ 史迪威将军常常亲临战斗前线获取第一手信息。为了解缅北战场伤亡情况,史迪威将军同样亲临医院看望伤员。图为史迪威将军正在医院查看外科治疗情况。(1944年7月18日)
美军通信兵照片(编号:CBI-44-21341)
第164摄影连四等技术兵Warren A. Boecklen拍摄
美陆军部公共信息部发布
档案来源:美国国家档案馆(CBI Photos\RG 111-SC\Box 514\274341-274380 3721\SC-274361)

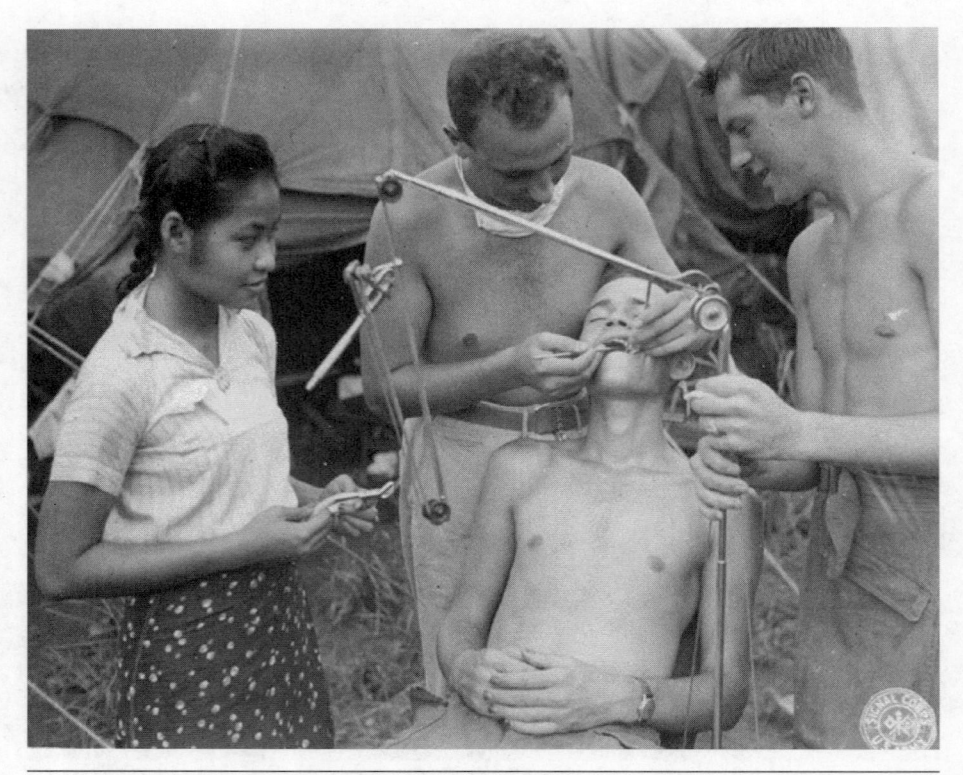

▲ 在西格雷夫（Seagrave）医院工作，来自纽约长岛（Long Island, NY）的赫伯特·J.布瑞格尔（Herbert J. Breger）中尉是第一个，也是唯一一名密支那（Myitkyina）机场的牙科医生。图中他正在为医疗队成员，来自威斯康星州比洛特（Beloit,WI）的五等技术兵C. P.格林（C. P. Green）治疗，来自德克萨斯州贝尔维山（Mount Belview, TX）的二等兵J. A.格奥特（J. A. Gigout）和缅甸护士科英（KYing）在旁协助。（密支那，1944年7月29日）
美军通信兵照片（编号：CBI-44-21456）
三等技术兵F. W. Shearer拍摄
美陆军部公共信息部发布
档案来源：美国国家档案馆（CBI Photos\RG 111-SC\Box 514\274341-274380 3721\SC-274341）

▲ 来自阿拉巴马州罗斯维尔(Russellville, AL)的Wm. H.斯普鲁尔(Wm. H. Spruell)少校在为来自路易斯安那州新奥尔良(New Orleans, LA)的G. M.柯林斯(G. M. Collins)中尉因水蛭感染的伤口换药，柯林斯在缅北丛林跳伞后被救助，他在丛林里迷失45天，备受艰辛，身体极其虚弱。(1944年9月13日)
美军通信兵照片(编号：CBI-44-23515)
四等技术兵Zimmerman拍摄
出自美驻印陆军部队公共关系部
档案来源：美国国家档案馆(CBI Photos\RG 111-SC\Box 515\274501-274540 3724\ SC-274505)

▲ 前方战区3号后勤基地的士兵们，在印度工人的帮助下，在密支那（Myitkyina）附近的第685前方医院钻井，他们使用的是71号速星冲击式钻井机。（1944年9月15日）
美军通信兵照片（编号：CBI-44-23508）
五等技术兵 Clare W. Leipnitz 拍摄
出自美驻印陆军部队公共关系部（1948年7月23日）
美陆军部公共关系部官方发布
档案来源：美国国家档案馆（CBI Photos\RG 111-SC\Box 515\274501-274540 3724\SC-274508）

▲ 戈登·S.西格雷夫（Gordon S. Seagrave，右一）与护士们在密支那伊利瓦得河畔（Irrawaddy River, Myitkyina）的医院里唱赞美诗，手术室清理后用来开会，赞美诗结束后该房间又用作手术室。(1944年9月17日)
美军通信兵照片（编号：CBI-44-23536）
Mathews 中尉拍摄
出自美驻印陆军部队公共关系部（1948年7月23日）
档案来源：美国国家档案馆（CBI Photos\RG 111-SC\Box 515\274501-274540 3724）

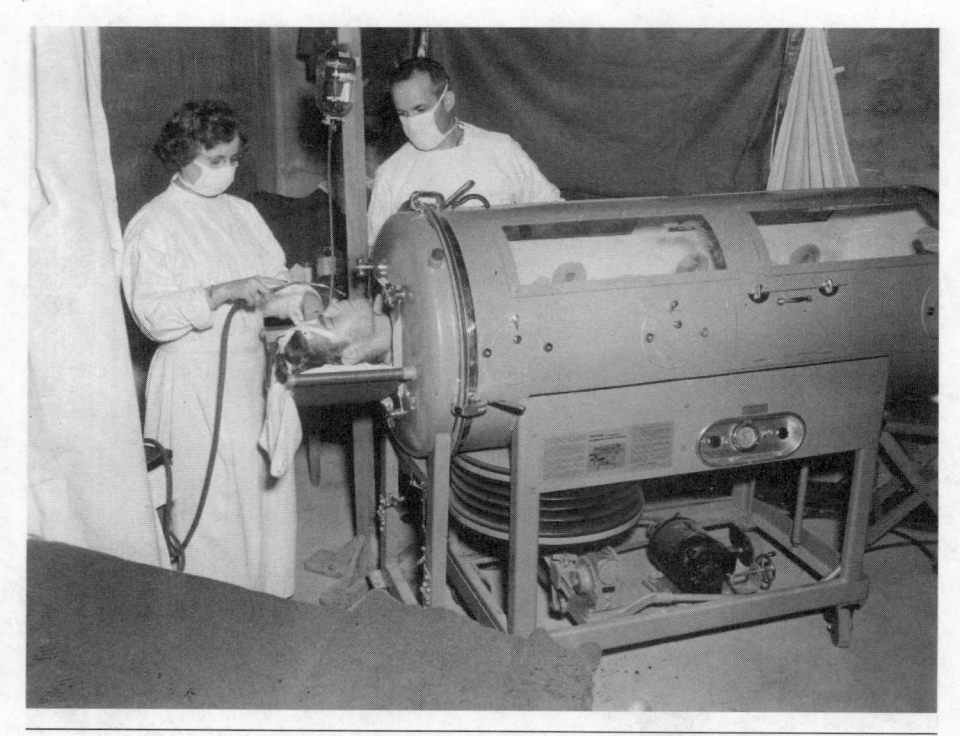

▲ 护士安吉莉娜·A.克里斯特纳（Angeline A. Christner）少尉与曾在费城宾夕法尼亚医院大学工作的卡尔文·F.基（Calvin F. Key）上尉在照看使用柯林斯呼吸器的小儿麻痹症患者，这是印度阿萨姆（Assam, India）美军医院首次使用人工呼吸器。（1944年9月28日）
美军通信兵照片（编号：CBI-44-23556）
R. Reis中尉拍摄
出自美驻印陆军部队公共关系部（1948年7月23日）
美陆军部公共关系部官方发布
档案来源：美国国家档案馆（CBI Photos\RG 111-SC\Box 515\274501-274540 3724\ SC-274525）

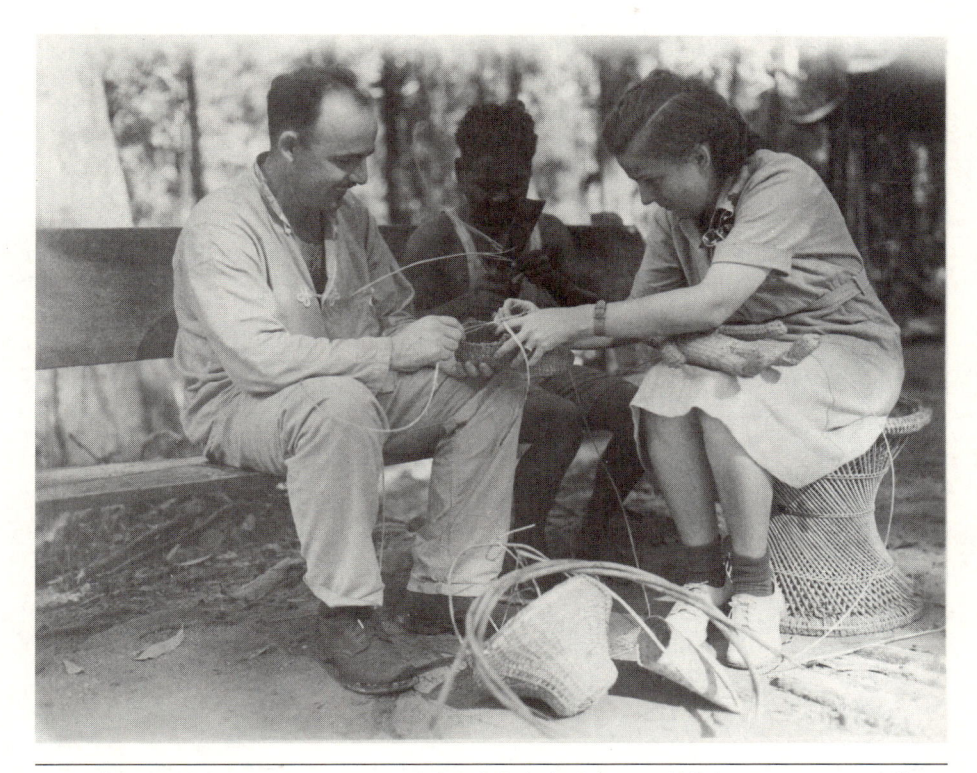

九、赢得第二次缅甸战役　819

▲ 玛莎·J.瓦特内（Martha J. Wratney）是来自宾夕法尼亚匹兹堡（Pittsburgh, PA）的一位美国红十字会工作者，在缅北新平洋（Shingbwiyang, Burma）美军医院里，她向维吉尔·A.莱尔斯（Virgil A. Liles）上尉展示如何把竹子编成各种不同样式有用的物品，一位受雇于医院的本地建筑工人也在学习竹子编织（中）。（1944年9月30日）
美军通信兵照片（编号：CBI-44-23679）
五等技术兵 Clare W. Leipnitz 拍摄
美陆军部公共关系部官方发布
档案来源：美国国家档案馆（CBI Photos\RG 111-SC\Box 515\274501-274540 3724\ SC-274528）

▲ 美国第69总医院（General Hospital）位于印度阿萨姆邦利多（Ledo, Assam, India）附近，由当地合同工修建。这些建筑将归理疗、手术以及X光部门使用，外科手术大楼将安装空调。(1944年10月3日)
美军通信兵照片（编号：CBI-44-23685）
五等技术兵 Clare W. Leipnitz 拍摄
出自美驻印陆军部队公共关系部（1948年7月23日）
美陆军部公共关系部官方发布
档案来源：美国国家档案馆（CBI Photos\RG 111-SC\Box 515\274501-274540 3724\ SC-274531）

九、赢得第二次缅甸战役　821

▲ 德克萨斯州匹兹堡(Pittsburgh, TX)的四等技术兵霍尔姆斯比(F. M. Holmsby)是一名注册药剂师,在第18动物转运医院,他将药剂混合后发给来自路易斯安那州(LA)的L. E.沃尔德利普(L. E. Waldrip)中士。(1944年)
美军通信兵照片(编号:CBI-II-44-65196)
Grant拍摄
出自美驻印陆军部队公共关系部(1949年2月14日)
档案来源:美国国家档案馆(CBI Photos\RG 111-SC\Box 522\276701-276740 3779\SC-276734)

▲ 一名日本士兵在缅甸南部铁路沿线的宾韦（Pinwe）车站进行的战斗中受伤，正在接受治疗。（1944年11月30日）
美军通信兵照片（编号：SEAC-44-941）
五等技术兵Clare W. Leipnitz拍摄
美陆军部公共关系部发布（1944年12月9日）
档案来源：美国国家档案馆（CBI Photos\RG 111-SC\Box 412\245781-245821 3007\ SC-245803）

九、赢得第二次缅甸战役　823

▲ 印缅战区第100后方医院印度工作人员和受过初步培训的管理员的住宿区。
（1945年6月29日）
美军通信兵照片(编号：IBT-45-1875)
美陆军一等兵V. Aprile 拍摄
美陆军部公共关系部发布
档案来源：美国国家档案馆(CBI Photos\RG 111-SC\Box 431\251021-251060 3138\ SC-251057)

▲ 印缅战区第100后方医院一览,远离镜头处是连接食堂与病房的通道。(1945年6月29日)
美军通信兵照片(编号:IBT-45-1876)
美陆军一等兵V. Aprile拍摄
美陆军部公共关系部发布
档案来源:美国国家档案馆(CBI Photos\RG 111-SC\Box 431\251021-251060 3138\ SC-251058)

▲ 美国红十字会贝特·露丝（Betty Luce）小姐每天上午十点为第100后方医院的病人们煮咖啡，病人们愉快期待着咖啡时间。露丝小姐是俱乐部的主任。（印缅战区，1945年6月29日）
美军通信兵照片（编号：CPA-45-1873）
美陆军一等兵V. Aprile拍摄
美陆军部公共关系部发布
档案来源：美国国家档案馆（CBI Photos\RG 111-SC\Box 431\251021-251060 3138\ SC-251055）

▲ 在第100后方医院，美国红十字会医院俱乐部的贝特·露丝（Betty Luce）小姐与住院的病人在音乐室听音乐唱片。（印缅战区，1946年8月27日）
美军通信兵照片（编号：IBT-45-1877）
美陆军一等兵V. Aprile拍摄
美陆军部公共关系部发布
档案来源：美国国家档案馆（CBI Photos\RG 111-SC\Box 431\251021-251060 3138\ SC-251059）

(七)抗日宣传

▲ 该照片摄于1944年,锡兰康提(Kandy, Ceylon),美陆军部决定拍摄一部题为《我们为什么而战》的战区作战纪录片,史迪威在指挥部的拍摄现场准备影片中的说明。(1944年)
美陆军Paul L. Jones 上校拍摄
档案来源:美国斯坦福大学胡佛研究所档案馆(Paul L. Jones\Box 4\80149-214.02)

▲ 史迪威将军22岁的女儿艾莉森·史迪威（Alison Stilwell）在纽约第57大街东41号卢芹斋（C.T. Loo）画廊展示自己的中国画。画展于1943年5月4—20日举行，由美国援华联合会主办，画展收益将捐给中国战争孤儿。（1943年5月3日）
美国援华联合会照片
档案来源：美国国家档案馆（Joseph W. Stilwell Photo\208-PU-103S-8 Folder 2）

▲ 史迪威将军的女儿艾莉森·史迪威（Alison Stilwell）准备举行画展，以筹集资金帮助中国抗战。图为艾莉森将展出的一幅中国画，艾莉森背面墙上是蒋介石夫人宋美龄的肖像。（1943年5月3日）
美战争信息办公室照片（编号：9384-P）
档案来源：美国国家档案馆（Joseph W. Stilwell Photo\208-PU-193B-3）

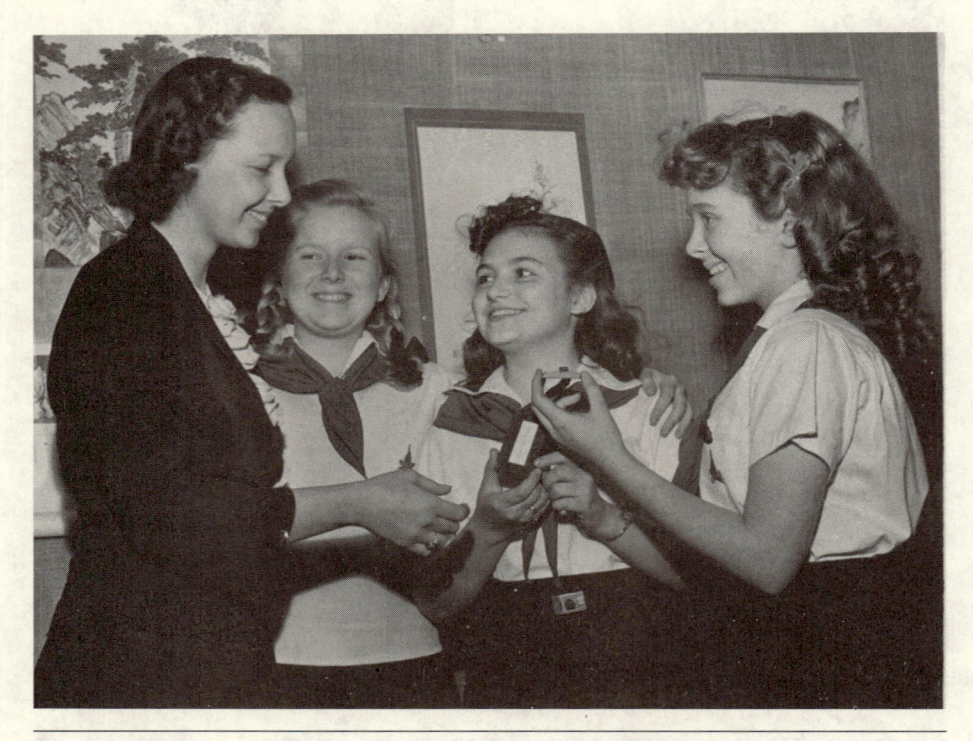

▲ 史迪威将军的女儿艾莉森·史迪威（Alison Stilwell）在举行的中国画展上，代表其著名的父亲史迪威将军接受"营火姑娘"赠送的"幸运"纪念品，印度的传说表示"胜利"在幸运皮件上燃烧。从左至右：艾莉森（Alison）、菲碧·墨里（Phoebe Murray）、琼·博诺莫（Joan Bonomo）和戴安·泰勒（Diane Tyler）在卢芹斋（C.T. Loo）画廊举行的赠送仪式上。该画展在纽约城展出至5月20日。（1943年5月10日）
档案来源：美国国家档案馆（Joseph W. Stilwell Photo\208-UP-193-S-10）

九、赢得第二次缅甸战役　　831

▲在奈姆蒂(Nemti)村庄,三个缅甸劳工站在缅甸宣传牌前,日军刚被赶出该村。(1944年8月23日)
美军通信兵照片(编号:CBI-44-23457)
五等技术兵Clare W. Leipnitz拍摄
美陆军部公共信息部发布
档案来源:美国国家档案馆(CBI Photos\RG 111-SC\Box 514\274421-274460 3722\SC-274456)

▲ 史迪威与其他官员在抗日宣传画旁。
Paul L. Jones 上校拍摄
档案来源：美国斯坦福大学胡佛研究所档案馆（Paul L. Jones 1-8\China-Burma-India Theater File）

▲ 美合众国际社战地记者沃尔特·G.朗德乐（Walter G. Rundle）先生与中国《大公报》记者朱志平（Chu Chiping）先生在中国战区作战指挥部交谈。（中国昆明，1944年12月11日）
美军通信兵照片（编号：CBI-44-62255）
第164摄影连五等技术兵John B. Hendrick拍摄
美陆军部公共关系部发布
档案来源：美国国家档案馆（CBI Photos\RG 111-SC\Box 412\245701-245740 3005\SC-245702）

▲ 在缅甸八莫（Bhamo, Burma），《中缅印战区综合新闻报》（*CBI Roundup*）的一名美军记者在用打字机写稿件，旁边中国驻印军战士在好奇地观望。（1945年3月）
美军通信兵照片
档案来源：美国驻成都总领事馆

(八)休闲娱乐

▲ 圣诞节和犹太新年期间,部队组织庆祝活动,史迪威总是饶有兴趣地和大家观看各类表演。图为史迪威将军与孙立人将军及中美部队其他人员观看驻缅甸临干萨坎(Ningam Sakan, Burma)部队的圣诞节目。(1943年12月25日)
美军通信兵照片(编号:XX-20127)
五等技术兵Clare W. Leipnitz拍摄
出自美陆军战争信息办公室
美陆军部发布(1944年1月26日)
档案来源:美国国家档案馆(Joseph W. Stilwell Photo\208-PU-193S-5)

▲ 在缅甸临干萨坎（Ningam Sakan, Burma），医疗队的战士用彩纸将柠檬树装饰成圣诞树。（1943年12月24日）
美军通信兵照片（编号：CBI-XX-20135）
五等技术兵 Clare W. Leipnitz 拍摄
美陆军部公共信息部发布
档案来源：美国国家档案馆（CBI Photos\RG 111-SC\Box 514\274221-274260 3718\SC-274252）

▲ 在离前线7英里处的丛林深处前哨基地的缅甸临干萨坎(Ningam Sakan, Burma),演员正在圣诞庆祝会上表演小喜剧。(1943年12月25日)
美军通信兵照片
五等技术兵Clare W. Leipnitz拍摄
美陆军部公共信息部发布
档案来源:美国国家档案馆(CBI Photos\RG 111-SC\Box 514\274221-274260 3718\SC-274255)

▲ 在印度第885美军邮局丽格剧院(Regal Theater),"驼峰快乐"正在演出,"安德鲁姐妹"(Andrew Sisters)演唱"Booglie Wooglie Piggy"。从左至右:约翰·胡普费尔(John Hupfel)中士、约翰·卡波(John Cobb)少校、约翰·赛多(John Sydow)中士。(1944年1月11日)
美军通信兵照片(编号:XX-2935)
Ed. Jankowski下士拍摄
美陆军部公共信息部发布
档案来源:美国国家档案馆(CBI Photos\RG 111-SC\Box 488\266941-266980 3536\SC-266979)

▲ 美国著名漫画家唐·贝尔雷（Don Barelay）在中缅印战区巡回访问期间在印度德里（Delhi, India）红十字"Don 访问日"为美军师部官员画漫画。（1944年1月16日）
美军通信兵照片（编号：CBI-XX-2951）
四等技术兵 Palinkas 拍摄
美陆军部公共信息部发布
档案来源：美国国家档案馆（CBI Photos\RG 111-SC\Box 488\266941-266980 3536\SC-266974）

▲ 为丰富业余生活，史迪威挑选了一个营房，将它粉刷一新，安放了不少带靠背的座椅，布置成漂亮的俱乐部，添置了象棋、围棋、扑克牌等，放电影、发奖章、举办舞会都有了好地方。图为美军战士与陆军妇女军团的人员及英国客人随美军乐队演奏的音乐起舞。(1944年1月19日)
美军通信兵照片(编号：XX-2977)
Ed. Jankowski下士拍摄
美陆军部公共信息部发布
档案来源：美国国家档案馆(CBI Photos\RG 111-SC\Box 488\266941-266980 3536\SC-266975)

▲ "阿萨姆扑克和文学俱乐部"(Assam Poker and Literary Club)成员合影。前排从左至右：约翰·卡罗特(John Carrott)少尉、保罗·爱德华兹(Paul Edwards)中尉、维丹·维斯哈弗(Verdan Westhoff)上尉、大卫·M.甘兹(David M. Gantz)少校、约瑟夫·巴勒姆(Joseph Barham)中尉；后排从左至右：瓦尔特·M.克林哥(Walter M. Clingo)中尉、小哈利·罗宾森(Harry Robinson, Jr.)中尉、罗伯特·F.科克曼(Robert F. Cochman)上尉、罗伊·W.斯图尔德(Roy W. Steward)上尉、哈利·E.科特斯(Harry E. Curtis)少校。(印度，1944年7月25日)
美军通信兵照片(编号：CBI-44-23118)
Lendroth 拍摄
美军公共信息部发布
档案来源：美国国家档案馆(CBI Photos\RG 111-SC\Box 488\266901-266940 3535\ SC-266933)

▲ 第209和第236战斗工程营的战士们正在欣赏第18与第36特种连演出的舞台节目，此次表演由刘易斯·皮克(Lewis Pick)准将赞助。(印度阿萨姆，1944年8月12日)
美军通信兵照片(编号：CBI-44-23223)
第164摄影连二等技术兵D. Kaner拍摄
美陆军部公共信息部发布
档案来源：美国国家档案馆(CBI Photos\RG 111-SC\Box 514\274421-274460 3722\ SC-274429)

九、赢得第二次缅甸战役　843

▲ 犹太新年庆祝仪式上,沃尔(Wohl)下士(左)在吹羊角号,沃尔来自纽约布鲁克林(Brooklyn, NY),拉尔夫·H.布隆门赛尔(Ralph H. Blomenthal)上尉(右)在报音乐名。(印度阿萨姆,1944年9月)
美军通信兵照片(编号:CBI-44-23550)
档案来源:美国国家档案馆(CBI Photos\RG 111-SC\Box 515\274501-274540 3724\SC-274512)

▲ 犹太新年庆祝仪式在印度阿萨姆(Assam, India)部队的一个小礼堂举行，仪式由拉尔夫·H.布隆门赛尔(Ralph H. Blomenthal)上尉主持。(1944年9月)
美军通信兵照片(编号：CBI-44-23549)
第164摄影连二等技术兵 D. Kaner 拍摄
美陆军部公共关系部官方发布
档案来源：美国国家档案馆(CBI Photos\RG 111-SC\Box 515\SC-274510)

▲ 史迪威将军在其司令部与演员帕特·奥布莱恩(Pat O'Brien)交谈,在中国访问期间,演出团是史迪威将军的客人,史迪威将军在当天的日记中记载"帕特·奥布莱恩的演出精彩极了"(史迪威,《史迪威日记》1992:301)。(1944年10月21日)
美军通信兵照片
档案来源:美国国家档案馆(CBI Photos\RG 111-SC\138437-138475 S84\SC-138254)

▲ "小不点"(Small Fry),工程师们的宠物狗,等着一位美国士兵给它食物吃。(中国昆明,1944年12月5日)
美军通信兵照片(编号:CBI-44-62606)
第164摄影连一等兵R. Lawless 拍摄
美陆军部公共关系部发布
档案来源:美国国家档案馆(CBI Photos\RG 111-SC\Box 412\245701-245740 3005\SC-245726)

▲ 美军战士们用中国钱币制作圣诞贺卡。图中从左至右：一等兵埃米尔(Emil Kondracslk)、一等兵威廉姆·T.赫顿(William T. Hutton)、一等兵约翰·D.韦伯斯特(John D. Webster, 坐者)、二等兵昌西·P.亨特(Chauncey P. Hunt)、一等兵埃德温·T.莱尼(Edwin T. Lenick)、美国红十字会工作人员、格拉迪斯·E.沃尔克(Gladys E. Voelker)、多莉·梁(Dolly Liang)。(昆明，1944年12月7日)
美军通信兵照片(编号：CBI-44-62172)
第164摄影连二等技术兵David E. Albert拍摄
美陆军部公共关系部发布
档案来源：美国国家档案馆(CBI Photos\RG 111-SC\Box 412\245661-245700 3004\SC-245680)

▲ 在印度阿萨姆利多（Ledo，Assam，India），来自俄亥俄州辛辛那提（Cincinnati，OH）的四等技术兵鲍伯·斯皮尔斯（Bob Spires）为VU22E电台广播员，他正在向观众示意为劳军联合组织（USO）四重唱"音乐魔力"的表演鼓掌。四重奏表演者从左至右：男中音保罗·史密斯（Paul Smith）、女低音露丝·特丽（Ruth Terry）、女高音巴克利（Buckley）、男高音拉尔夫·李尔（Ralph Lear）。（1945年7月25日）
美军通信兵照片（编号：IBT-45-12761）
五等技术兵 V. Dick 拍摄
美军公共关系部发布
档案来源：美国国家档案馆（CBI Photos\RG 111-SC\Box 530\278781-278820 3831\ SC-278808）

九、赢得第二次缅甸战役　849

▲ 中美军官在一军官俱乐部。(1944—1945年间)
纽约市哥伦比亚大学珍本及手稿图书馆巴尼·罗塞特(Barney Rosset Papers)资料库存(网址:http://exhibitions.cul.columbia.edu/exhibits/show/rosset)
档案来源:美国驻成都总领事馆

▲ 一天忙碌的训练之后,美中军人在以Wm.弗拉纳根(Wm. Flanagan)中士的名字命名的"弗拉纳根的酒吧"(Flanagan's Bar)休息娱乐,前排左三为弗拉纳根中士,中国空军通信官佟(Tong, K. T.)中尉正演奏二胡,自娱自乐的同时,也娱乐众人。
美国国家档案馆存(National Archives and Records Administration,网址:http://www.fold3.com/image/28851836)
档案来源:美国驻成都总领事馆

(九)进行反攻

▲ 中国部队准备上路。(1944年)
档案来源：美国斯坦福大学胡佛研究所档案馆(Joseph W. Stilwell Collection\Box 111\51001-9.18\NNN 1 J.W. Stilwell 51001-10 A-V)

▲ 1943年12月24日,缅北进攻开始。清晨,史迪威在崎岖的山路上步行两小时到达前线指挥所,在那里观察了整整一天。日本人在大龙河(Tarung River)岸埋下的地雷和隐蔽的机枪使中国部队寸步难行。图为史迪威将军与孙立人少将在缅甸胡康谷地(Hukawng Valley, Burma)的大龙河边中日交战战场前哨,观察河对岸日军的阵地,在他们后面仅200码处即是切断日军,将其包围的中国部队。(1944年1月4日)
美军通信兵照片(编号:80149-26-021)
档案来源:美国斯坦福大学胡佛研究所档案馆(Paul L. Jones Collection)

▲ 史迪威将军(左一)、孙立人少将(左二)与来自马里兰州的陶森市(Towson, MD)的小爱德华·J.麦克纳利(Edward J. McNally, Jr.)上校(左三)正在询问日军俘虏,由史迪威将军指挥的美军训练的中国部队在向缅北胡康河谷(Hukawng Valley)推进中,将日军捕获。(1944年1月)
美军通信兵照片(编号:XX-Pro-6)
档案来源:约翰·伊斯特布鲁克(John Easterbrook)

▲ 按史迪威将军的部署，驻印军新编第38师和新编第22师离开训练营地印度兰姆伽（Ramgarh, India），迅速前进到利多（Ledo）集结。图为新编第38师114团1营刚涉过印度境内的太白家河（Taihpa Ga）。（1944年2月24日）
美军通信兵照片（编号：CBI-XX-20713）
三等技术兵 Grigg 拍摄
出自驻印美军公共关系部（1948年8月17日）
美陆军部公共关系部官方发布
档案来源：美国国家档案馆（CBI Photos\RG 111-SC\Box474\263221-263260\SC-263238）

▲ 中国部队严格服从史迪威将军的亲自督促。反攻只能艰难而又缓慢地一步步向前推进。首先要扫清大奈河（Tanai Hka River），以确保新平洋（Shingbwiyang）的安全；接着是消灭胡康谷地（Hukawng Valley）密布的日军，翻越间布本（Jambu Bum），那里有更多的日本人；间布本后面是孟拱谷地（Mogaung Valley），再翻过一道6000英尺高、覆满丛林的山脉，就是密支那（Myitkyina）及其防守部队。史迪威指挥的中国驻印军全部人数约5万人，严阵以待的是4万—6万经过战争考验的日本人。图为中国军队在印度兰姆伽（Ramgarh, India）经过美军训练装备后奔赴前线。
美军通信兵照片
美国国家档案馆存
档案来源：戈叔亚

▲ 新编第38师114团2营刚徒步涉过缅甸大奈河（Tanai Hka River），移向日军阵地后面，试图切断敌人的供给线。（1944年2月24日）
美军通信兵照片（编号：CBI-XX-20716）
三等技术兵Grigg拍摄
美陆军部公共关系部发布（1948年8月17日）
档案来源：美国国家档案馆（CBI Photos\RG 111-SC\Box 474\263221-263260 Burma\SC-263237）

▲ 史迪威将军与中国将军孙立人在缅北丛林前沿阵地研究敌军位置。由美军训练并装备的中国军队在此经过了三个月的艰苦奋战，摧毁了敌人的一个团，向前推进60英里，紧紧控制了胡康河谷(Hukawng Valley)。美国陆军工程兵正在修建通过胡康河谷的印度与缅甸之间新的利多公路(Ledo Road)。(1944年3月)
出自美陆军战争信息办公室
档案来源：美国国家档案馆(Joseph W. Stilwell Photo\2008-PU-193J)

▲ 史迪威与孙立人在缅北前线。
　档案来源：美国斯坦福大学胡佛研究所档案馆（Joseph W. Stilwell Collection）

九、赢得第二次缅甸战役　859

▲ 史迪威将军指挥美国部队和受美军训练的中国部队在缅甸对付日军。在中国部队驻地,史迪威将军在用竹竿搭建的竹棚下,坐在帆布折叠椅上写文件,地图铺在行军床上。(缅甸,1944年4月1日)

档案来源:美国国家档案馆(Joseph W. Stilwell Photo\208-193S Folder 3)

▲ 史迪威将军（左一）与东南亚联军最高司路易斯·蒙巴顿勋爵（Lord Louis Mountbatten，左二）在缅北，左三为一英军军官。史迪威将军指挥的中美部队正在这一地区驱逐日军。（1944年4月3日）
美陆军官方照片（编号：24351-FA）
档案来源：美国国家档案馆（Joseph W. Stilwell Photo\208-PU-193S Folder 3）

▲ 在史迪威将军指挥下作战的战士们亲切地称他为"乔大叔"。史迪威将军指挥美军以及由美军训练的中国部队在缅北向日军发起反攻,他的部队于前一天(4月6日)向孟拱河谷(Mogaung Valley)前行2英里,收复了两个村庄。(1944年4月7日)
档案来源:美国国家档案馆(Joseph W. Stilwell Photo\208-PU-193S Folder 3)

▲ 经过印度兰姆伽（Ramgarh, India）严格训练的中国驻印军官兵，充实了装备，提高了作战技巧，熟练掌握了迂回前进、断敌后路、包围夹击等战术能力，练就了在丛林中吃饭、住宿、行军、打仗的过硬本领。图为中国士兵在离加迈（Kamaing）7英里处的新编第22师司令部附近，检查一支德国造30卡尔迫击炮和其他德国、英国与美国制造的枪炮。（1944年）
美军通信兵照片（编号：CBI-44-22952）
Thomas Fanning 拍摄
美军公共信息部发布
档案来源：美国国家档案馆（CBI Photos\RG 111-SC\Box 488\266901-266940 3535\SC-266909）

▲ 离沙杜渣（Shadazup）以南数英里处的新编第22师司令部，廖耀湘少将率部收复缅甸间布本（Jambu Bum）及瓦坎（Wakang）后，史迪威将军授其锦旗，随后，史迪威与廖耀湘交谈。（1944年5月24日）
美军通信兵照片（编号：CBI-44-22499）
Neubacher 中士拍摄
美陆军公共信息部发布
档案来源：美国国家档案馆（CBI Photos\RG 111-SC\Box 475\266941-266980 3536）

▲ 史迪威将军与新编第22师师长廖耀湘少将、来自宾夕法尼亚州的美军联络官维恩（Wayne, PA）的卡尔顿·史密斯（Carlton Smith）上校在研究作战地图。史迪威将军刚授予廖耀湘锦旗，以表彰其收复缅甸间布本（Jambu Bum）和赢得瓦坎（Wakang）战斗胜利。（缅甸，1944年5月24日）
美军通信兵照片
Neubacher中士拍摄
档案来源：美国国家档案馆（CBI Photos\RG 111-SC\Box 487\266621-266660 3528）

九、赢得第二次缅甸战役　865

▲ 史迪威将军与中国官员在缅北前线了解战况。(1944年)
　美军通信兵照片
　档案来源：约翰·伊斯特布鲁克(John Easterbrook)

▲ 在大规模进攻中，部队正乘橡皮冲锋舟离开萨尔温江（Salween River）东岸，继续往北，目的是将日军清除出缅北，打通缅甸公路。（1944年5月29日）
美军通信兵照片（编号：CBI-44-28237）
第164摄影连四等技术兵 S. Greenberg 拍摄
档案来源：美国斯坦福大学胡佛研究所档案馆（Joseph W. Stilwell\Box 89\III 6 J.W. Stilwell Collection 51001-10 A-V）

九、赢得第二次缅甸战役　867

▲ 史迪威将军(左二)在缅北与中国官员研究地图。
　档案来源：约翰·伊斯特布鲁克(John Easterbrook)

▲ 在离加迈（Kamaing）7英里的第66团司令部附近捕获这两头日军的大象，缅甸训练师与大象在一起。(1944年)
美军通信兵照片（编号：CBI-44-22943）
Thomas Fanning 拍摄
美军公共信息部
档案来源：美国国家档案馆（CBI Photos\RG 111-SC\Box 488\266901-266940 3535\SC-266905）

▲ 在缅北胡康河谷(Hukawng Valley)丛林中,史迪威将军与来自明尼苏达州圣保罗(St. Paul, MN)的霍华德·F.克莱曼(Howard F. Kleinman,左一)中尉交谈。克莱曼为中国部队联络官员。这支由史迪威将军指挥,美军训练的中国部队正将日军赶出这一区域。(1944年)

档案来源:约翰·伊斯特布鲁克(John Easterbrook)

▲ 机枪组战士在掩体内警戒注视着日军的阵地。(1944年6月5日)
美军通信兵照片(编号:CBI-44-28257)
第164摄影连四等技术兵S. Greenberg 拍摄
档案来源:美国斯坦福大学胡佛研究所档案馆(Joseph W. Stilwell\Box 89\III 6 J.W. Stilwell Collection 51001-10 A-V)

▲ 中国步兵在大青山(Ta Chien Mt.)的战壕里眺望萨尔温(Salween)前线平卡河谷(Pingka Valley)的日军阵地。(1944年6月5日)
美军通信兵照片(编号：CBI-44-28258)
第164摄影连四等技术兵S. Greenberg拍摄
档案来源：美国斯坦福大学胡佛研究所档案馆(Joseph W. Stilwell\Box 89\III 6 J.W. Stilwell Collection 51001-10 A-V)

▲ 萨尔温江(Salween River)前线,可见萨尔温江上被破坏的惠通桥。日军和中国部队分别在河的两边,河对岸的建筑为日军驻地。
档案来源：美国斯坦福大学胡佛研究所档案馆(Joseph W. Stilwell\Box 89\HHH 1 J.W. Stilwell Collection 51001-10 A-V)

▲ 萨尔温江(Salween River)这边为中国境内。
档案来源：美国斯坦佛大学胡佛研究所档案馆(Joseph W. Stilwell\Box 89\HHH 1 J.W. Stilwell Collection 51001-10 A-V)

▲ 培佩尔·马丁(Pepper Martin)与布鲁克·阿特肯森(Brooks Atkinson)被介绍给前线中国战士。
档案来源：美国斯坦福大学胡佛研究所档案馆(Joseph W. Stilwell\Box 89\HHH 1 J.W. Stilwell Collection 51001-10 A-V)

九、赢得第二次缅甸战役　875

▲ 中国国民革命军第88师预备部队正沿缅甸公路开向萨尔温（Salween）前线。部队使用汉口兵工厂制造的步枪，很多枪支生锈甚至损坏了，战士的身体状况尚好。"他们是勇敢的战士，历经了上海、汉口、中国沿海以及缅甸的战役，这些预备部队随时准备加强萨尔温江前线的防御地区，以开展异常的军事行动。"（Newsreel Wang）
美军通信兵照片
档案来源：美国斯坦福大学胡佛研究所档案馆（Joseph W. Stilwell\Box 89\HHH 1 J.W. Stilwell Collection 51001-10 A-V）

▲ 4.2 化学迫击炮第1团第1营第3连连长张弟清（Chang Diev-Ching）上尉和褚尚白（Chu Shon-Pai）副连长正在缅甸加迈（Kamaing, Burma）指挥所用空箱子做成的办公桌前工作。(1944年)
美军通信兵照片（编号：CBI-44-22962）
Thomas Fanning 拍摄
美军公共信息部发布
档案来源：美国国家档案馆（CBI Photos\RG 111-SC\Box 488\266901-266940 3535\ SC-266906）

九、赢得第二次缅甸战役　877

▲ 来自伊利诺斯州芝加哥(Chicago,IL)的弗兰克·W.艾兰德(Frank W. Ireland)中尉与第66团3营张少校在注视着一辆上方断裂破损的榴弹炮车。这辆榴弹炮车于1944年6月6日从离缅甸加迈(Kamaing, Burma)5英里的拉奇格塘(Lachigahtawng)山上日军阵地获取。(缅甸,1944年6月6日)
美军通信兵照片(编号:CBI-44-22949)
Thomas Fanning 拍摄
美军公共信息部发布
档案来源:美国国家档案馆(CBI Photos\RG 111-SC\Box 488\266901-266940 3535\SC-266911)

▲ 一辆日军的75毫米榴弹炮在离缅甸加迈(Kamaing, Bruma)7英里处的新编第22师司令部附近。(缅甸，1944年)
美军通信兵照片(编号：CBI-44-22958)
Thomas Fanning 拍摄
美军公共信息部发布
档案来源：美国国家档案馆(CBI Photos\RG 111-SC\Box 488\266901-266940 3535\SC-266910)

九、赢得第二次缅甸战役　879

▲ 在密支那（Myitkyina）机场，英军第69高射炮团W和X部队在红色警报声响后，等待敌人飞机的到来。（1944年6月18日）
美军通信兵照片（编号：CBI-44-21738）
第164摄影连四等技术兵Warren A. Boecklen拍摄
档案来源：美国国家档案馆（CBI Photos\RG 111-SC\Box 472\262501-262540 3425（1944）\SC-262536）

▲ 在缅甸密支那（Myitkyina, Bruma）机场，红色警报期间，英军高射炮团W和X部队炮手在高射炮前。（1944年7月17日）
美军通信兵照片（编号：CBI-44-21749）
第164摄影连四等技术兵Warren A. Boecklen拍摄
档案来源：美国国家档案馆（CBI Photos\RG 111-SC\Box 472\262501-262540 3425\SC-262534）

九、赢得第二次缅甸战役　881

▲ 在密支那（Myitkyina）机场空袭警报期间，英军高射炮团W和X部队炮手在高射炮前。（1944年7月18日）
美军通信兵照片（编号：CBI-44-21737）
第164摄影连四等技术兵Warren A. Boecklen拍摄
档案来源：美国国家档案馆（CBI Photos\RG 111-SC\Box 472\262501-262540 3425\ SC-262535）

▲ 第88战斗机中队，来自堪萨斯州林登市（Linden, KS）的小J. O.伊尔奥特（J. O. Yearout, Jr.）正在一架P-40战斗机上装载50口径炮弹。最新的记录记载，在缅甸密支那（Myitkyina,Burma），一天中，部队向日军发射26995枚50口径炮弹。(1944年7月19日）
美军通信兵照片（编号：CBI-44-21387）
五等技术兵Tom D. Amer拍摄
美陆军部公共信息部发布
档案来源：美国国家档案馆（CBI Photos\RG 111-SC\Box 514\274301-274340 3720\SC-274327）

▲ 史迪威将军(左三)在缅北与坦克部队指挥官罗斯维尔·H.布朗(Rothwell H. Brown)上校(左一)商讨计划在胡康河谷(Hukawng Valley)南端的町嘎萨坎(Tingkawk Sakan)附近进行坦克攻击。坦克部队由美军专家在印度用现代战术训练的中国部队组成,史迪威的部队正在缅北战斗,扫清缅甸公路沿线敌人,以连通利多公路(Ledo Road)与缅甸公路,打通至中国的交通命脉。(1944年7月25日)
美军通信兵照片(编号:30217-FA)
五等技术兵 Claire W. Leipnitz 拍摄
出自美战争信息办公室
档案来源:美国国家档案馆(Joseph W. Stilwell Photo\208-PU-193)

▲ 距离缅甸759公里处的怒江惠通桥和轮渡，摄于云南反攻战役期间。（1944年8月2日）
美军通信兵照片
档案来源：约翰·伊斯特布鲁克（John Easterbrook）

▲ 日本人在缅甸密支那(Myitkyina, Burma)不远处的铁轨旁利用一辆布满蜂窝般弹孔的火车头做堡垒对抗中国人，在马达下面，日本人挖了一个狐狸洞以保护自己免被炮弹直接击中。(1944年8月4日)
美军通信兵照片(编号：CBI-44-23245)
Grant拍摄
美陆军部公共信息部发布
档案来源：美国国家档案馆(CBI Photos\RG 111-SC\Box 514\274381-274420 3722\SC-274412)

▲ 本·F.特雷尔基尔(Ben F. Thrailkill)中校指挥的X部队从密支那(Myitkyina)进入中国时进行侦察任务,部队正穿过撒顿(Sadon)和拉帕(Lahpai)之间的河流。(1944年9月2日)
美军通信兵照片(编号:CBI-44-16197)
三等技术兵 F. W. Shearer 拍摄
美陆军部公共关系部官方发布
档案来源:美国国家档案馆(CBI Photos\RG 111-SC\Box 525\277381-277420 3796\SC-277430)

▲ 战地小憩。
美军通信兵照片
档案来源：美国国家档案馆（CBI Photos\RG 111-SC\Box 522\277381-277420 3796）

▲ 美军第475步兵团的官员们在缅甸同卡(Tonkwa, Burma)附近讨论前线战况。从左至右：雷蒙德·里昂纳德(Raymond Leonard)少校、欧尼斯特·弗雷德·伊斯特布鲁克上校(Ernest Fred Easterbrook，史迪威将军的执行助理，也是史迪威将军的女婿)、本·F.特雷尔基尔(Ben F. Thrailkill)中校、保罗·托贝(Paul Tobey)上尉。(1944年12月10日)
档案来源：约翰·伊斯特布鲁克(John Easterbrook)

九、赢得第二次缅甸战役　889

▲ 史迪威将军在缅北反攻战役中抵达缅甸密支那(Myitkyina, Burma)。(1944年)
美军通信兵照片
档案来源：约翰·伊斯特布鲁克(John Easterbrook)

▲ 为表彰史迪威指挥的缅北会战所取得的辉煌胜利,也为了表彰和奖励史迪威将军几年来为中国抗战所作的巨大贡献和杰出成就,8月2日,经美国国会批准,美国总统罗斯福正式提升史迪威为陆军四星上将。图为史迪威将军戴着新晋升的四星,满面笑容让摄影师拍照。(1944年8月26日)
美陆军官方照片
档案来源:美国国家档案馆(Stilwell Photo\208-PU-193-S-20)

▲ 路易斯·蒙巴顿勋爵（Lord Louis Mountbatten，左四）和弗朗西斯·W.费斯廷（Francis W. Festing）少将（左三）在缅甸赫宾（Hepin, Burma）第一次会面时进行非正式交谈。（1944年9月11日）
美军通信兵照片（编号：CBI-44-16088）
一等兵 Pringle 拍摄
出自美驻印陆军部队公共关系部（1948年7月16日）
美陆军部公共关系部官方发布
档案来源：美国国家档案馆（CBI Photos\RG 111-SC\Box 525\277381-277420 3796\ SC-277412）

▲ 中国部队第14师41团从缅甸密支那(Myitkyina, Burma)城撤离，经过唯一一条从密支那机场通向城市的道路时，美国工程师们正在该路段上工作。(1944年9月12日)
美军通信兵照片(编号：CBI-44-16105)
五等技术兵 Tom D. Amer 拍摄
出自美驻印陆军部队公共关系部(1948年7月16日)
美陆军部公共关系部官方发布
档案来源：美国国家档案馆(CBI Photos\RG 111-SC\Box 525\277381-277420 3796\ SC-277415)

▲ 部队很少有其他大炮,从沉没的战舰上获取的三门大炮,被设置在山顶。
档案来源:美国斯坦福大学胡佛研究所档案馆(Joseph W. Stilwell\Box 89\HHH 1 J.W. Stilwell Collection 51001-10 A-V-EEE3)

▲ 驻印军开进云南。
美军通信兵照片
美国国家档案馆存
档案来源：戈叔亚

▲ 获胜的中国步兵在9月14日收复腾冲城后离开该城。（1944年9月15日）
美军通信兵照片（编号：CBI-44-60378）
四等技术兵Frank Manwarren拍摄
美陆军部公共关系部发布
档案来源：美国国家档案馆（CBI Photos\RG 111-SC\Box 345\226817-227096 2534\SC-226949）

▲ 从前线归来的战士。
档案来源：美国斯坦福大学胡佛研究所档案馆（Joseph W. Stilwell\Box 89\ HHH 1 J. W. Stilwell Collection 51001-10 A-V）

九、赢得第二次缅甸战役　　897

▲ 战士们从前线回来稍作休整。
　档案来源：美国斯坦福大学胡佛研究所档案馆（Joseph W. Stilwell\Box 89\HHH 1 J. W. Stilwell Collection 51001-10 A-V）

▲ 战士们从前线归来。

档案来源：美国斯坦福大学胡佛研究所档案馆（Joseph W. Stilwell\Box 89\HHH 1 J. W. Stilwell Collection 51001-10 A-V）

▲ 来自缅甸的X部队与来自中国的Y部队在高岭(Kaoling)建立联系,经过中国的边境,随后,因为缅北已被同盟军完全控制,部队各自离开自己的基地。(1944年9月)
美军通信兵照片(编号:CBI-44-16203)
美陆军部公共关系部官方发布
档案来源:美国国家档案馆(CBI Photos\RG 111-SC\Box 525\277381-277420 3796\SC-277431)

▲ 东南亚盟军司令部总司令路易斯·蒙巴顿勋爵(Lord Louis Mountbatten,左二)视察最近收复的密支那(Myitkyina)城,稍后他和其组员乘火车离开前往密支那郊外,他的旁边是负责前方3号战区后勤服务的将级司令官刘易斯·皮克(Lewis Pick)准将(左三)。(1944年9月12日)
美军通信兵照片(编号:CBI-44-23480)
五等技术兵 Clare W. Leipnitz 拍摄
档案来源:美国国家档案馆(CBI Photos\RG 111-SC\Box 515\274501-274540 3724\SC-274501)

▲ 英国部队在收复缅甸的战斗中,起了积极作用。第二次缅甸战役接近尾声时,F. W. 费斯廷(F. W. Festing)少将带领的英军第36师归史迪威将军指挥。费斯廷少将与其副官J. C.里利德尔(J. C. Riddell)上尉在指挥部查看地图,指挥部设在茂卢(Mawlu)通往曼德勒(Mandalay)的火车车厢里。(印度,1944年11月30日)
美军东南亚司令部照片(编号:SEAC-44-1021)
四等技术兵Frantis Ruppelt拍摄
美陆军部公共关系部发布(1946年4月12日)
档案来源:美国国家档案馆(RG 111-SC\Box 412\245821-245860 3008\SC- 245848)

▲ 1944年11月9—12日，英军第36师从茂卢(Mawlu)向宾韦(Pinwe)推进，R. S.克雷斯维尔(R. S. Cresswell)中校(左一)、第72旅指挥官A. R.阿斯利特(A. R. Aslett)准将(左二)以及J. A.劳埃德(J. A. Lloyd)少校(左三)视察部队在前线作战的进展。
美军东南亚司令部照片(编号：SEAC-44-670)
Whitley A. Austin中尉拍摄
美陆军部公共关系部发布
档案来源：美国国家档案馆(CBI Photos\RG 111-SC\Box 412\245781-245821 3007\SC-245795)

九、赢得第二次缅甸战役　903

▲ 1944年11月9—12日，第36师从茂卢(Mawlu)向宾韦(Pinwe)推进。来自英国英格兰瑞丁(Reading, England)的第36师72旅指挥员A. R.阿斯利特(A. R. Aslett)准将正在检查部队往宾韦推进情况。(1944年11月)
美军东南亚司令部照片(编号：SEAC-44-659)
Whitley A. Austin中尉拍摄
美陆军部公共关系部发布
档案来源：美国国家档案馆(CBI Photos\RG 111-SC\Box 412\245781-245821 3007\SC 245796)

▲ 1944年11月9—12日，英军第36师从茂卢（Mawlu）向宾韦（Pinwe）推进，科林·贾丁（Collin Jardine）少将、D. P. R. 沃克（D. P. R. Walker）中校、A. R. 阿斯利特（A. R. Aslett）准将、T. N. 迪普伊（T. N. Dupuy，美国）中校以及F. W. 费斯廷（F. W. Festing）少将检查部队的推进情况。（1944年11月27日）
美军东南亚司令部照片（编号：SEAC-44-672）
Whitley A. Austin中尉拍摄
美陆军公共关系部发布
档案来源：美国国家档案馆（CBI Photos\RG 111-SC\Box 412\245781-245821 3007\SC-245799）

▲ 在缅甸宾韦（Pinwe, Burma）的第36师行军期间，乔治·巴斯汀（George Bastin）上校（左一）与H. C.斯托克韦尔（H. C. Stockwell）准将（左二）在商谈战情。（1944年11月27日）
美军东南亚司令部照片（编号：C58-2G/SEAC-44-904）
Whitley A. Austin中尉与四等技术兵Frantis Ruppelt拍摄
美陆军公共关系部发布（1946年4月12日）
档案来源：美国国家档案馆（CBI Photos\RG 111-SC\Box 412\245781-245821 3007\SC-245805）

▲ 在缅甸宾韦（Pinwe, Burma）的第36师行军期间，乔治·巴斯汀（George Bastin）上校（左一）、H. C.斯托克韦尔（H. C. Stockwell）准将（中）在商谈战情。(1944年11月27日)
美军东南亚司令部照片（编号：C58-1G/SEAC-44-903）
Whitley A. Austin中尉与四等技术兵Frantis Ruppelt拍摄
美陆军公共关系部发布（1946年4月12日）
档案来源：美国国家档案馆（CBI Photos\RG 111-SC\Box 412\245781-245821 3007\SC 245806）

九、赢得第二次缅甸战役　907

▲ 路易斯·蒙巴顿勋爵（Lord Louis Mountbatten）视察在英帕尔的迪马布尔（Dimapur, Imphal）、密支那（Myitkyina）、孟拱（Mogaung）和萨茂（Sahmaw）的军队期间，驻印度英帕尔（Imphal）的廓尔喀族（Gurkha）1/3步枪队列队接受蒙巴顿的检阅。（印度，1944年9月13日）
美军东南亚司令部照片（编号：Roll-524-Frame-34, SEAC-44-KK-511）
William L. Widmayer 少校拍摄
美陆军部公共关系部发布（1946年4月12日）
档案来源：美国国家档案馆（CBI Photos\RG 111-SC\Box 412\245821-245860 3008\SC 245844）

▲ R. A. 哈顿（R. A. Hutton）准将（左）、图德（Tood）中将、里斯（Leese）中将以及菲利浦·克里斯蒂森（Phillip Christison）中将查看需视察区域的地图。（印度，1944年12月6日）
美军东南亚司令部照片（编号：SEAC-44-1036）
Jack Stager 中士拍摄
美陆军部公共关系部发布（1946年4月12日）
档案来源：美国国家档案馆（CBI Photos\RG 111-SC\Box 412\245821-245860 3008\SC-245856）

九、赢得第二次缅甸战役

▲第29旅指挥官H. C. 斯托克韦尔（H. C. Stockwell，手持教鞭者）准将给战士们传达向拉巴（Naba）丛林推进的命令。（1944年12月3—5日）
美军东南亚司令部照片（编号：SEAC-44-1017）
Whitley A. Austin中尉拍摄
美陆军部公共关系部发布（1946年4月12日）
档案来源：美国国家档案馆（RG 111-SC\Box 412\245821-245860 3008\SC 245855）

▲ 在缅甸乔梅（Kyaukme, Burma），来自纽约州（NY）的保罗·C.特拉瓦（Paul C. Traver）少校时任中国驻印军独立步兵第1团首席联络官，正与该团团长林冠雄上校商谈战情。（1945年3月30日）
美军通信兵照片
美陆军一等兵Louis W. Raczkowski拍摄
档案来源：美国驻成都总领事馆

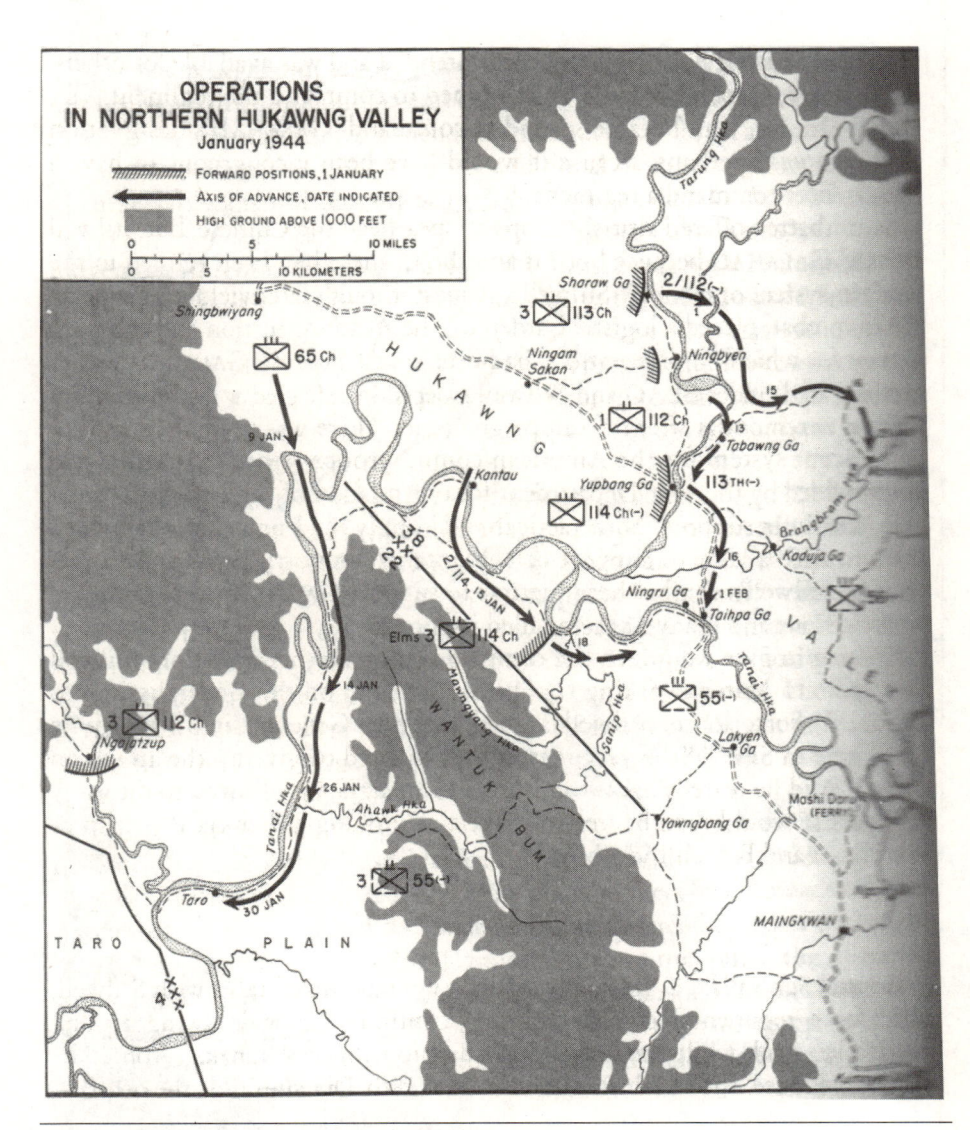

▲ 缅北胡康河谷(Hukwng Valley)前沿阵地和主要战场地图。(1944年1月)
　档案来源：Romanus, Charles & Sunderland, Riley. Stilwell's Command Problems. Washington D.C.: Office of the Chief of Military History Department of the Army, 1956.

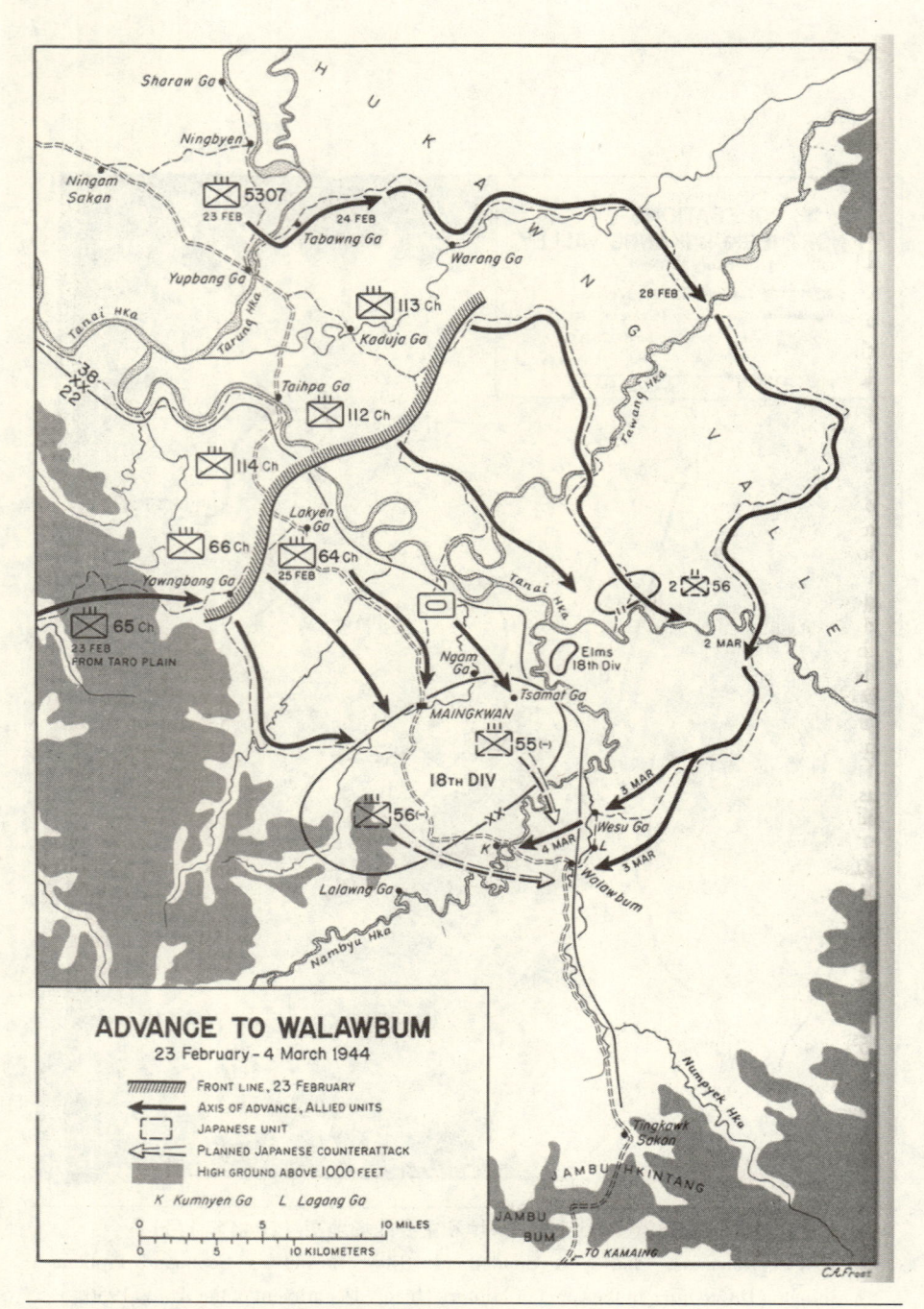

▲ 向瓦劳本(Walawbum)推进的路线图。(1944年2月23日—3月4日)
档案来源：Romanus, Charles & Sunderland, Riley. Stilwell's Command Problems. Washington D.C.: Office of the Chief of Military History Department of the Army, 1956.

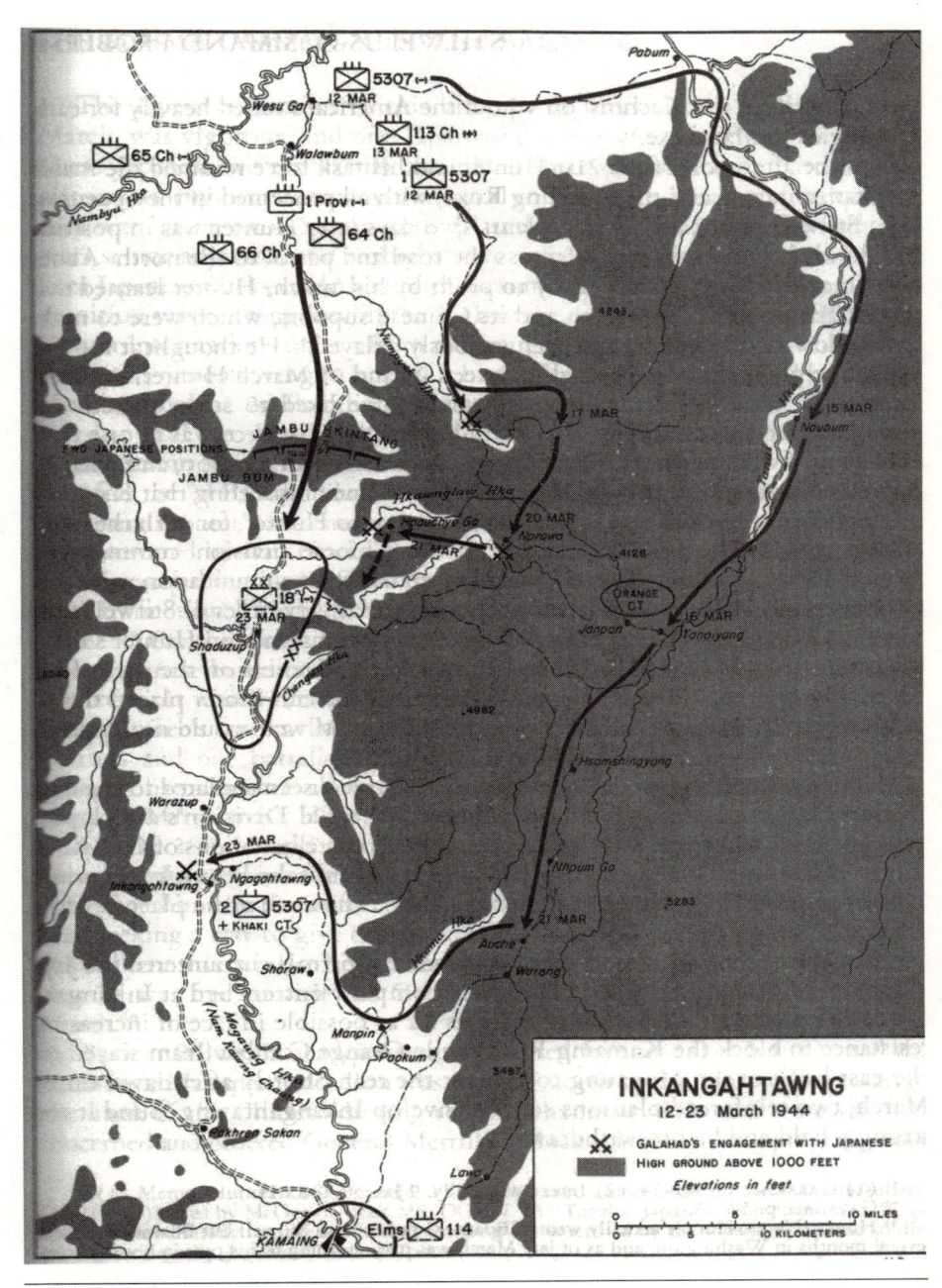

▲ 在缅甸英开塘(Inkangahtawng)，"格拉哈德"(Galahad)即"梅里尔突击队"(Merrill's Marauders)与日军交战标示图。(1944年3月12—23日)
档案来源：Romanus, Charles & Sunderland, Riley. Stilwell's Command Problems. Washington D.C.: Office of the Chief of Military History Department of the Army, 1956.

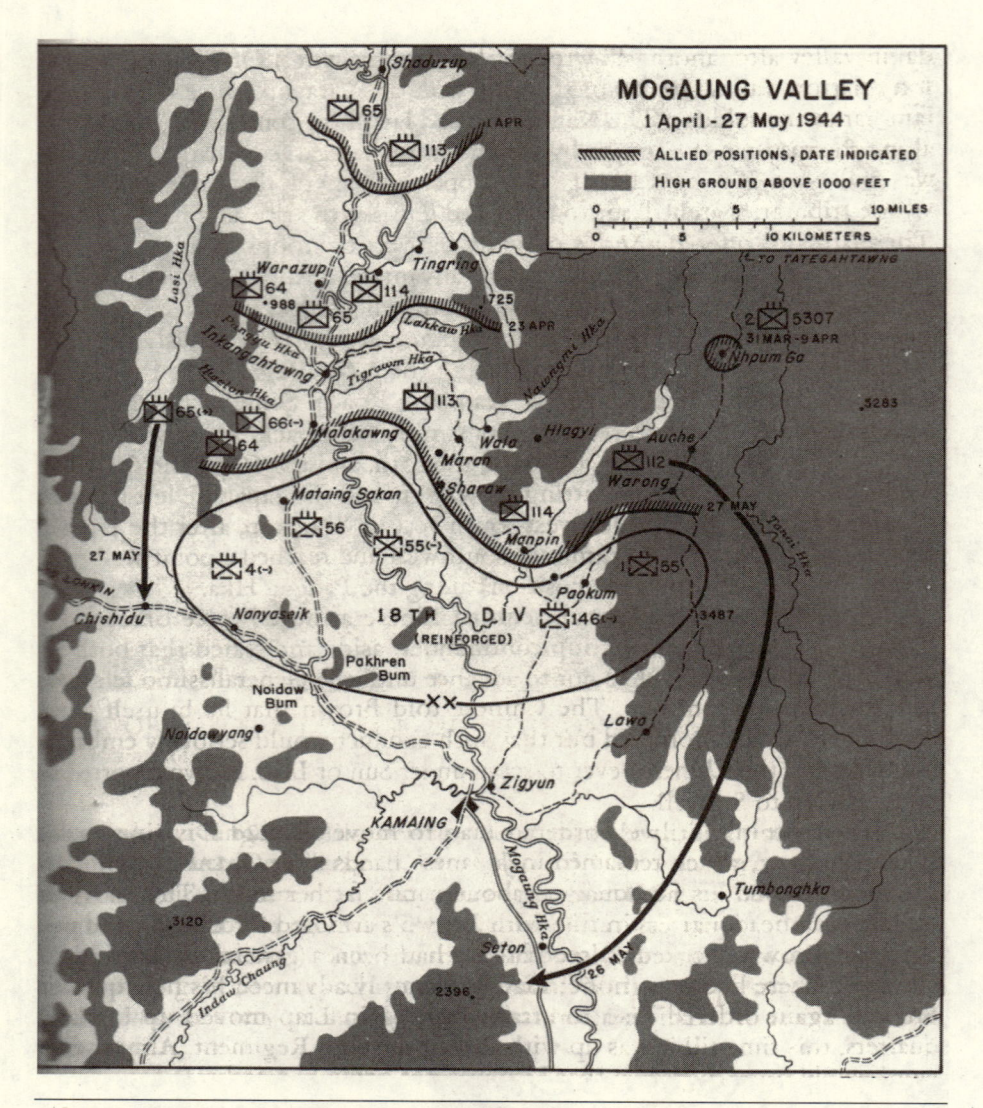

▲ 孟拱河谷（Mogaung Valley）盟军占领地标示图。(1944年4月1日—5月27日)
档案来源：Romanus, Charles & Sunderland, Riley. Stilwell's Command Problems. Washington D.C.: Office of the Chief of Military History Department of the Army, 1956.

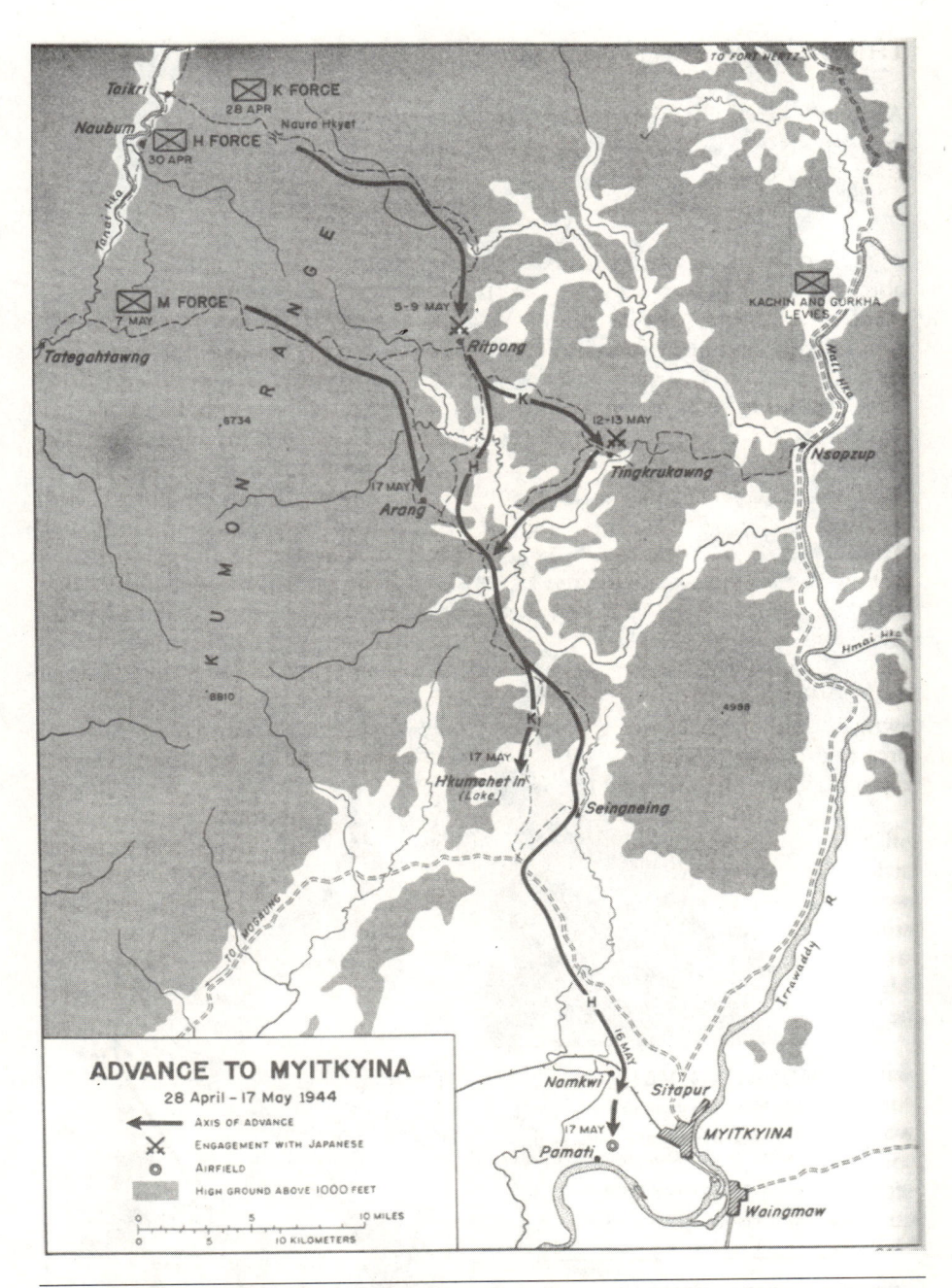

▲ 反攻缅甸战役中，向密支那(Myitkyina)推进线路图。(1944年4月28日—5月17日)
档案来源：Romanus, Charles & Sunderland, Riley. Stilwell's Command Problems. Washington D.C.: Office of the Chief of Military History Department of the Army, 1956.

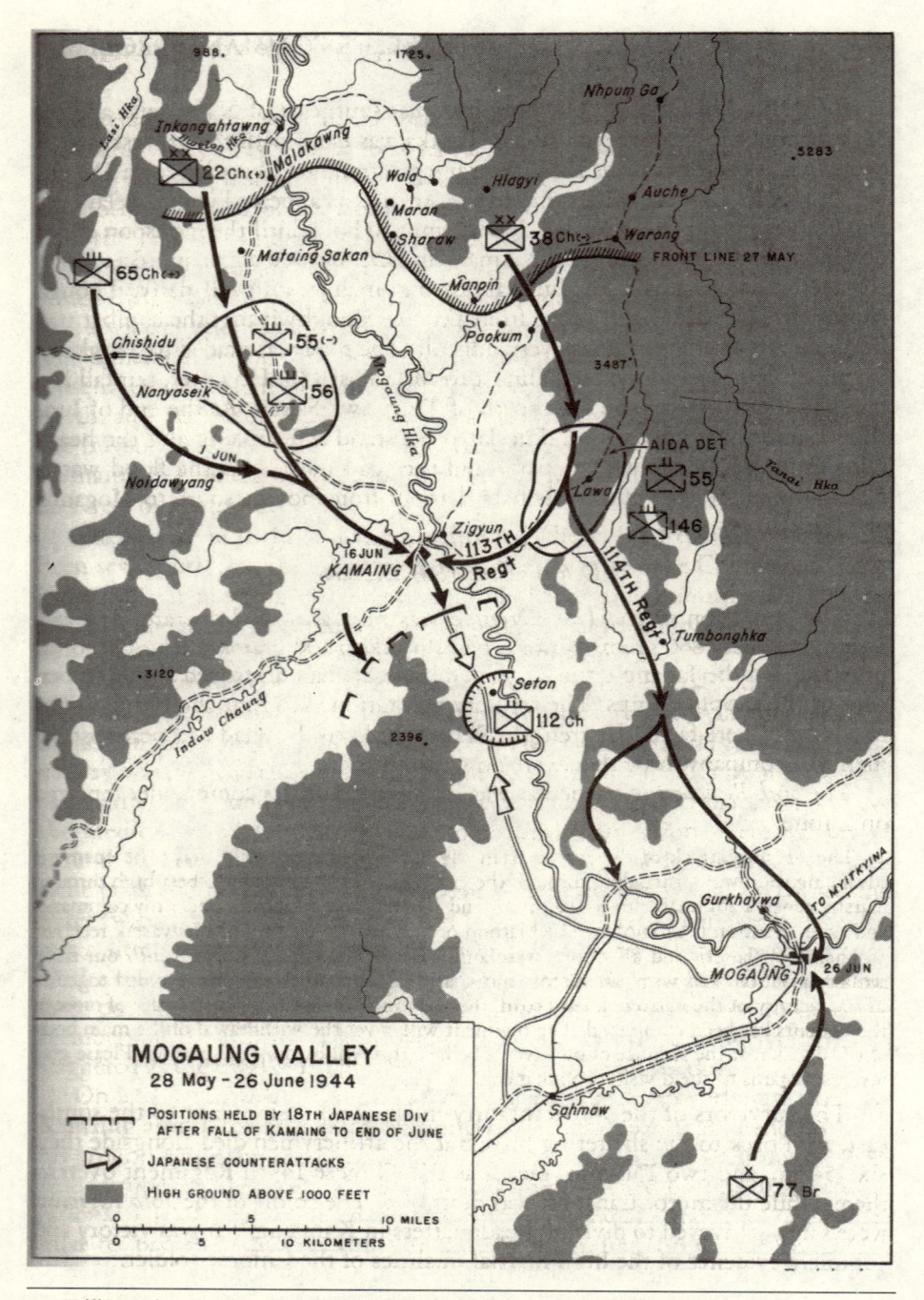

▲ 孟拱河谷（Mogaung Valley）反攻标示地图。(1944年5月28日—6月26日)
档案来源：Romanus, Charles & Sunderland, Riley. Stilwell's Command Problems. Washington D.C.: Office of the Chief of Military History Department of the Army, 1956.

十、派遣"延安观察组"

对史迪威将军来说,动员中国对日作战始终是他的首要目标。1944年,随着中国抗战的深入,国民党军队在正面战场上连连失利,与蒋介石相处的经历也使史迪威将军意识到,无论从政治、经济,还是从军事上,仅依靠国民党的力量很难战胜日本。于是他对约翰·谢伟思(John Service)和约翰·戴维斯(John Davies)提出的应派美国观察组去延安的建议很感兴趣,希望与中国共产党合作,联合对日作战。经过与重庆国民政府多次交涉,在美国总统罗斯福(Franklin D. Roosevelt)的支持下,史迪威将军推动并直接领导组建了密码代号为"迪克西"(DIXIE)的美军观察组(The U. S. Military Observer Group),派驻延安。组长由通晓中文、时任战区情报官的大卫·D.包瑞德(David D. Barrett)上校担任,成员共18人,分属美国陆军、海军、空军和战略情报局各系统,多数有长期在中国工作生活的经历。观察组的主要任务是观察中国共产党领导的抗日根据地的情况,实地考察中共军队的实力,了解共产党军队作为一支抗日作战部队的可能性。

美军观察组于1944年7月22日和8月7日分两批抵达延安,受到中国共产党领导人毛泽东、朱德、周恩来亲自接见,为他们的工作提供了种种方便。观察组对抗日根据地进行实地考察,亲眼目睹了一个军民团结、丰衣足食的新天地。他们用照相机记录下一个个珍贵的镜头,并向美国发回大量报告。

因忙于缅甸战事,史迪威没能亲自去延安考察,但他仔细阅读每份报告。在史迪威的设想中,中共军队的装备应优先于除X部队、Y部队以外的任何一支国民党军队。史迪威将军的见解和观察组的报告使美国舆论界开始了解一些中国的真实情况，成为直接影响美国战时对华政策的诸多因素之一。

美军观察组在延安工作以后，一些美国高级官员和美国国务院观察员陆续到延安进行短期访问。1944年11月，罗斯福总统的私人代表帕特里克·J.赫尔利(Patrick J. Hurley)少将抵达延安，就改组国民政府，成立包括各抗日党派在内的联合政府问题与毛泽东达成了包括五点内容的《延安协定草案》，然而因蒋介石拒绝签字，协议未予以执行。

美军观察组是美国政府与中国共产党正式接触和合作的开始。抗战胜利后，美军观察组改名为联络组并继续留在延安，直到1947年3月初，国民党军队进攻延安前才撤出延安。

十、派遣"延安观察组" 919

▲ 周恩来副主席与大卫·D.包瑞德（David D. Barrett）上校在延安授勋仪式后合影。（1944年）

档案来源：《美军观察组访问延安60周年纪念》，中国国际友人研究会，2004

▲ 毛泽东和朱德与美军观察组组长包瑞德(David D. Barrett)上校。(1944年)
档案来源：周敏

十、派遣"延安观察组"

▲ 朱德欢迎美军观察组的到来。
档案来源:《美军观察组访问延安60周年纪念》,中国国际友人研究会,2004

▲ 毛泽东主席陪同美军观察组人员观看八路军部队军事演习。前排从左至右：陈家康、毛泽东、大卫·D.包瑞德（David D. Barrett）、美海军上尉西蒙·H.希契（Simon H. Hitch）、黄华。（1944年夏）

档案来源：《美军观察组访问延安60周年纪念》，中国国际友人研究会，2004。

十、派遣"延安观察组" 923

▲ 中共领导人与美军观察组人员合影。中共领导人有:周恩来(前排左二)、叶剑英(前排左四)、杨尚昆(后排左二)、金诚(后排左一)。(1944年7月)
档案来源:《美军观察组访问延安60周年纪念》,中国国际友人研究会,2004

▲ 1944年8月24日,叶剑英和大卫·D.包瑞德(David D. Barrett)上校在南泥湾检阅359旅。

档案来源:周敏

▲ 中共领导人与美军延安观察组在授勋仪式上。从左至右：朱德、约翰·谢伟思（John Service）、毛泽东、大卫·D.包瑞德（David D. Barrett）。(1944年10月)
档案来源：《美军观察组访问延安60周年纪念》，中国国际友人研究会，2004。

▲ 毛泽东与延安美军观察组组长大卫·D.包瑞德（David D. Barrett）上校。(1944年)
档案来源：周敏

▲ 1944年10月,美军观察组组长大卫·D.包瑞德(David D. Berrett)上校在接受勋章后,康克清送他鲜花。
档案来源:《美军观察组访问延安60周年纪念》,中国国际友人研究会,2004。

▲ 1944年10月25日,美军观察组组长大卫·D.包瑞德(David D. Barrett)上校在延安被授与勋章。中国共产党领导人毛泽东、朱德、叶剑英、陈毅、徐向前出席授勋仪式。
档案来源:周敏

十、派遣"延安观察组"　929

▲ 朱德与美军观察组成员合影。从左至右：吉幸治（Koji Ariyoshi）中尉、耶顿（Yeaton）上校、朱德、黄华。（1944年）
档案来源：《美军观察组访问延安60周年纪念》，中国国际友人研究会，2004

▲ 梅尔文·A. 卡斯伯格(Melvin A. Casberg)少校与一名民兵路哨合影。这些路哨检查行人的通行证,并告诉行人他们要去的地方是否有敌人在活动。梭镖颈部下垂的红缨是公职的标志。

档案来源:《美军观察组访问延安60周年纪念》,中国国际友人研究会,2004

▲ 中国共产党领导人与延安美军观察组成员在延安。前排从左至右：林伯渠、谢觉哉、彭德怀、朱德、雷·克劳姆莱(Ray Cromley)少校、美国大使馆二等秘书约翰·谢伟思(John Service)、大卫·D.包瑞德(David D. Barrett)、梅尔文·A.卡斯伯格(Melvin A. Casberg)少校、亨利·S.惠特塞(Henry S. Whittlesey)中尉、毛泽东；后排从左至右：谢富治、彭真、飞行员、安东·H.雷米尼(Anton H. Remeneh)上士、查尔斯·G.斯特尔(Charles G. Stelle)上尉、钱皮恩(Champion)上尉、保罗·C.多姆克(Paul C. Domke)上尉、飞行员、约翰·高林(John Colling)上尉。

档案来源：《美军观察组访问延安60周年纪念》，中国国际友人研究会，2004

▲ 毛泽东、朱德在授勋仪式上。从左至右：麦克纳利（McNally）、阿姆斯特朗（Armstrong）、西蒙·H. 希契（Simon H. Hitch）、卢登（Ludden）、毛泽东、朱德。
档案来源：《美军观察组访问延安60周年纪念》，中国国际友人研究会，2004。

十、派遣"延安观察组" 933

▲ 约翰·谢伟思(John Service)以"迪克西使团"(Dixie Mission)之父著称,图为谢伟思与中共领导人在延安。从左至右:周恩来、朱德、谢伟思、毛泽东、叶剑英。(1944年)
档案来源:《美军观察组访问延安60周年纪念》,中国国际友人研究会,2004

▲ 毛泽东、朱德、大卫·D.包瑞德（David D. Barrett）、西蒙·H.希契（Simon H. Hitch）、钱皮恩（Champion）在延安。
档案来源：周敏

十、派遣"延安观察组"

▲ 美军观察组成员和中国人一起劳动,协助整修扩建延安简易机场。(1944年)
档案来源:《美军观察组访问延安60周年纪念》,中国国际友人研究会,2004

▲ "梨园"是延安的一片果林,这里每周都要举行"周末狂欢夜"舞会。
档案来源:《美军观察组访问延安60周年纪念》,中国国际友人研究会,2004

十、派遣"延安观察组"　937

▲ 美海军上尉西蒙·H. 希契（Simon H. Hitch）携带中共致美国海军司令部信函离延安前往华盛顿。从左至右：朱德、查尔斯·G. 斯特尔（Charles G. Stelle）上尉、毛泽东、西蒙·H.希契。（1944年11月）
档案来源：《美军观察组访问延安60周年纪念》，中国国际友人研究会，2004

▲ 叶剑英参谋长在给美军观察组团长大卫·D.包瑞德（David D. Barrett）上校授勋仪式上讲话，马海德医生担任翻译。
档案来源：《美军观察组访问延安60周年纪念》，中国国际友人研究会，2004

十、派遣"延安观察组" 939

▲ 朱德与美军延安观察组("迪克西使团",Dixie Mission)成员。
档案来源：周敏

▲ 中共领导人与美军机组人员和美军延安观察组人员合影。前排从左至右：周恩来、彭德怀、大卫·D.包瑞德（David D. Barrett）、朱德、约翰·谢伟思（John Service）、叶剑英；后排从左至右：国民党联络官、查尔斯·G.斯特尔（Charles G. Stelle）、钱皮恩（Champion）、保罗·C.多姆克（Paul C. Domke）、亨利·S.惠特塞（Henry S. Whittlesey）、约翰·高林（John Colling）、飞行员、另一名飞行员、安东·H.雷米尼（Anton·H.Remeneh）、不详、梅尔文·A.卡斯伯格（Melvin A. Casberg）。
档案来源：《美军观察组访问延安60周年纪念》，中国国际友人研究会，2004

▲ 贺龙与延安美军观察组成员。
档案来源：周敏

▲ 延安美军观察组在中共叶剑英参谋长陪同下参观陕北南泥湾120师359旅种植的庄稼。(1944年)

档案来源:《美军观察组访问延安60周年纪念》,中国国际友人研究会,2004

十、派遣"延安观察组"

▲ 中共领导人与美军观察组成员在延安。从左至右：周恩来、朱德、约翰·谢伟思（John Service）、毛泽东、叶剑英。（1944年）
档案来源：《美军观察组访问延安60周年纪念》，中国国际友人研究会，2004

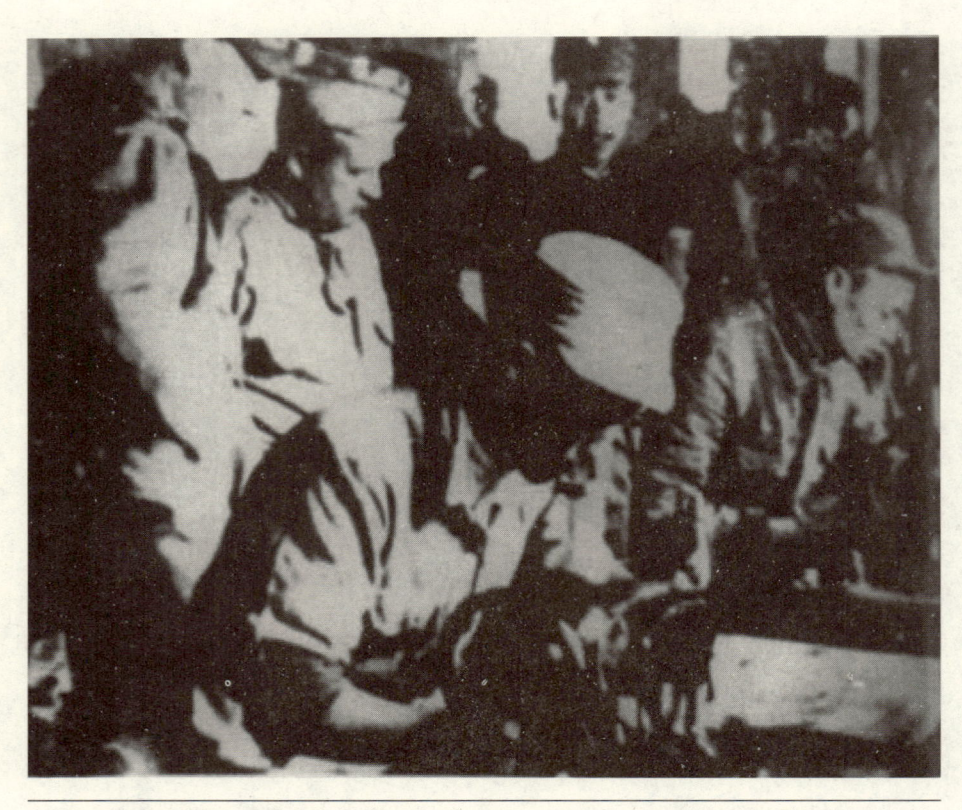

▲ 大卫·D.包瑞德(David D. Barrett)与卢登(Ludden)参观南泥湾359旅服装厂。
档案来源：周敏

十、派遣"延安观察组"

▲ 驻延安美军观察组成员身着延安手工制作的中山装。从左至右：琼斯(Jones)、查尔斯·G.斯特尔(Charles G. Stelle)上尉、华尔特·格雷斯(Walter Gress)中士、保罗·C.多姆克(Paul C. Domke)、乔治·I.中村(George I. Nakamura)、雷·克劳姆莱(Ray Cromley)少校、大卫·D.包瑞德(David D. Barrett)上校、查尔斯·E.多尔(Charles E. Dole)少校、约翰·谢伟思(John Service)、威尔伯·J.彼得金(Wilbur J. Peterkin)少校、安东·H.雷米尼(Anton H. Remeneh)上士、西蒙·H.希契(Simon H. Hitch)上尉、亨利·S.惠特塞(Henry S. Whittlesey)中尉、约翰·高林(John Colling)、多兰(Dolan)上尉。

档案来源：《美军观察组访问延安60周年纪念》，中国国际友人研究会，2004

▲ 美军观察组人员受到王震（左五）旅长的欢迎，左四为边区政府副主席曹立果。
档案来源：《美军观察组访问延安60周年纪念》，中国国际友人研究会，2004

十、派遣"延安观察组"   947

▲ 中共领导人在延安与美军观察组成员合影,前排左三是陈毅、左五是聂荣臻。(1944年)
档案来源:《美军观察组访问延安60周年纪念》,中国国际友人研究会,2004

▲ 中共领导人与延安美军观察组成员。从左至右：王若飞、威尔伯·J. 彼得金（Wilbur J. Peterkin）少校、陈毅。(1945年5月)
档案来源：《美军观察组访问延安60周年纪念》，中国国际友人研究会，2004

▲ 中共领导人与中外记者参观团记者合影。其中有：徐特立（前排左一）、毛泽东（前排左三）、朱德（前排左六）、爱泼斯坦（前排左七）、杨尚昆（前排左十）、周恩来（第二排左八）、吴玉章（第三排左九）。

档案来源：《美军观察组访问延安60周年纪念》，中国国际友人研究会，2004

▲ 美军观察组成员在缴获的日本军旗前合影。(1945年8月)
档案来源:《美军观察组访问延安60周年纪念》,中国国际友人研究会,2004

▲ 延安美军观察组"迪克西使团"(Dixie Mission)组长大卫·D.包瑞德(David D. Barrett)上校在工作。
照片出自彼得金(Wilbur J. Peterkin)少校
档案来源:《美军观察组访问延安60周年纪念》,中国国际友人研究会,2004

▲ 美国大使帕特拉克·J.赫尔利（Patrick J. Hurley）以及张治中将军抵达延安，受到中国共产党主席毛泽东的欢迎，随后驻延安美军观察组"迪克西使团"（Dixie Mission）团长伊凡·D.耶顿（Ivan D. Yeaton）上校准备载着中美人员前往美军观察组住地。1944年12月前，"迪克西使团"的指挥官是大卫·D.包瑞德（David D. Barrett）上校；他的继任者是莫里斯·德·帕斯（Morris De Pass）上校，任职至1945年2月；威尔伯·J.彼得金（Wilbur J. Peterkin）少校（后升为中校）于3月4日接任，工作到1945年7月。（1945年8月27日）
美军通信兵照片（编号：CT-45-70234）
五等技术兵Frayne拍摄
档案来源：美国国家档案馆（CBI Photo\Box 939\4438228-438267 7745/SC-438232）

十、派遣"延安观察组"　953

▲ 帕特拉克·J.赫尔利(Patrick J. Hurley)和张治中抵达延安,毛泽东接机后乘车去美军观察组住地。(1945年8月27日)
档案来源:周敏

▲ 帕特拉克·J.赫尔利（Patrick J. Hurley）和张治中抵达延安，毛泽东接机后乘车去美军观察组住地途中。(1945年8月27日)
档案来源:《美军观察组访问延安60周年纪念》，中国国际友人研究会，2004

十一、解职归国

1944年10月,热爱中国人民、关注中国命运、对中国抗日战争尽心竭力、作出卓越贡献的史迪威将军被解除中国战区职务,奉召回国,此为历史上震惊中外的"史迪威事件"。作为蒋介石的第一位外国官员,史迪威将军是中国得到美国援助和友谊的象征。而史迪威将军被不公正地解除在中国战区的职务,则使他成为美国对华政策的悲剧人物。

随着两次入缅作战,在军队指挥权、援华物资分配、战略战术、指挥并装备共产党军队等一系列问题上,史迪威将军与蒋介石之间的矛盾冲突不断激化。由一个外国人统率中国军队已是蒋介石一大忌讳,而史迪威将军却肯定和同情共产党军队,还要使用和装备共产党军队,最终激化了矛盾。蒋介石坚决要求富兰克林·D.罗斯福(Franklin D. Roosevelt)总统召回史迪威将军。1944年10月19日,史迪威将军接到美国总统签署的回国命令,这时距离他指挥的缅北和滇西战役的最后胜利只有不到两个月的时间。是时,美国在太平洋已转入反攻,日本败局已定。对美国来说,中国战场的军事价值大为下降,蒋介石是否抗战已无关紧要,重要的是需要维持一个战后亲美的中国。如果罗斯福支持史迪威,就将失去蒋介石,进而失去中国大市场,罗斯福总统选择了后者。

10月20日下午,蒋介石约见史迪威将军,提出授予他青天白日特别勋章——这是授予外国人的最高荣誉勋章,但被将军婉言谢绝。他只请委员长记住他的所作所为完全是为了中国的利益。10月21日下午,史迪威将军乘机离开重庆。飞机在白市驿机场的跑道上徐徐滑动,机舱里的史迪威深情地注视着地面上这座满目疮痍的城市,记下中国之行的最后一页:"走啦!——谨祝胜利,爱你们的美国人约瑟夫·W.史迪威。"他先到萨尔温江(Salween River)前线司令部指挥所看望了中国远征军的军官,然后,在密支那(Myitkyina)交代驻印军作战的有关事项,直到26日才依依不舍地离开中缅印战区,从此再也没能回到这片他深深眷恋和战斗过的热土。

史迪威将军被召回后,蒋介石逐步控制了租借物资分配权,把美国援助作为对付共产党的强大物质基础,最终导致大规模内战爆发。

"史迪威事件"引起中外舆论大哗,当时美国的各家报纸都以突出位置对此事件进行了报道。

▲ 史迪威将军肖像。
美军通信兵照片
档案来源：约翰·伊斯特布鲁克（John Easterbrook）

▲ 史迪威将军与埃尔伯特·麦克艾尔豪（Albert McElhoe）中校在重庆。(1944年10月)
档案来源：约翰·伊斯特布鲁克（John Easterbrook）

十一、解职归国

▲ 史迪威将军被召回美国，回国途中在保山、缅甸密支那(Myitkyina, Burma)、印度兰姆伽(Ramgarh,India)等地停留，与同僚们告别。图中史迪威将军(左四)乘"乔大叔专机"到达保山机场，与弗兰克·多恩(Frank Dorn)准将和比尔·伯金(Bill Bergin)准将在机场。(1944年10月22日)
美军通信兵照片(编号：CBI-44-30840)
美陆军一等兵 Louis W. Raczkowski 拍摄
美陆军部发布
档案来源：美国斯坦福大学胡佛研究所档案馆(Joseph W. Stilwell\Box 106\51001-9.01\Y-3 J. W. Stilwell Collection 51001-10\A-V-SC-241611)

▲ 史迪威将军回美国途中在安的列斯群岛(the Antilles)短暂停留。
（1944年11月2日）
美军通信兵照片（编号：AD-121）
档案来源：美国斯坦福大学胡佛研究所档案馆（Joseph W. Stilwell\Box 106\51001-9.01\Y-1\J. W. Stilwell Collection 51001-10\A-V）

▲ 正在加州卡梅尔（Carmel, CA）家中接受记者采访的史迪威将军。(1944年11月15日) Hurl A. Swartz 拍摄

档案来源：约翰·伊斯特布鲁克（John Easterbrook）

▲ 史迪威将军在加州卡梅尔(Carmel,CA)家中接受记者采访。(1944年11月15日)
Hurl A. Swartz 拍摄
档案来源：约翰·伊斯特布鲁克(John Easterbrook)

▲ 史迪威将军(左二)在加州卡梅尔(Carmel, CA)家中接受记者采访。左一为卡尔·阿诺德(Carl Arnold)。(1944年11月15日)
Hurl A. Swartz 拍摄
档案来源:约翰·伊斯特布鲁克(John Easterbrook)

▲ 史迪威将军在美国加州卡梅尔(Carmel, CA)家中与其爱犬加里(Gary)一起。(1944年11月18日)
档案来源：美国国家档案馆(Joseph W. Stilwell Photo\208-UP-193S-6 Folder 1)

十一、解职归国　965

▲ 史迪威将军在华盛顿特区（Washington DC）军事学院"S"室举行记者招待会。（1945年1月29日）
出自美战争信息办公室
档案来源：美国国家档案馆（Joseph W. Stilwell Photo\Box 193\208-PU-193 P\Stilwell Portraits）

▲ 史迪威将军在华盛顿特区（Washington DC）举行记者招待会，告诉记者他相信中国将在战后取代日本在太平洋的位置，他赞扬中国士兵及其战斗能力。说话时，他用手调整自己的眼镜。（1945年1月29日）

档案来源：美国国家档案馆（Joseph W. Stilwell Photo\208-PU-103S）

▲ 史迪威将军在华盛顿特区（Washington DC）记者招待会上。（1945年1月29日）
出自美战争信息办公室
档案来源：美国国家档案馆（Joseph W. Stilwell Photo\Box 193\208-PU-193 P-3 Stilwell Portraits）

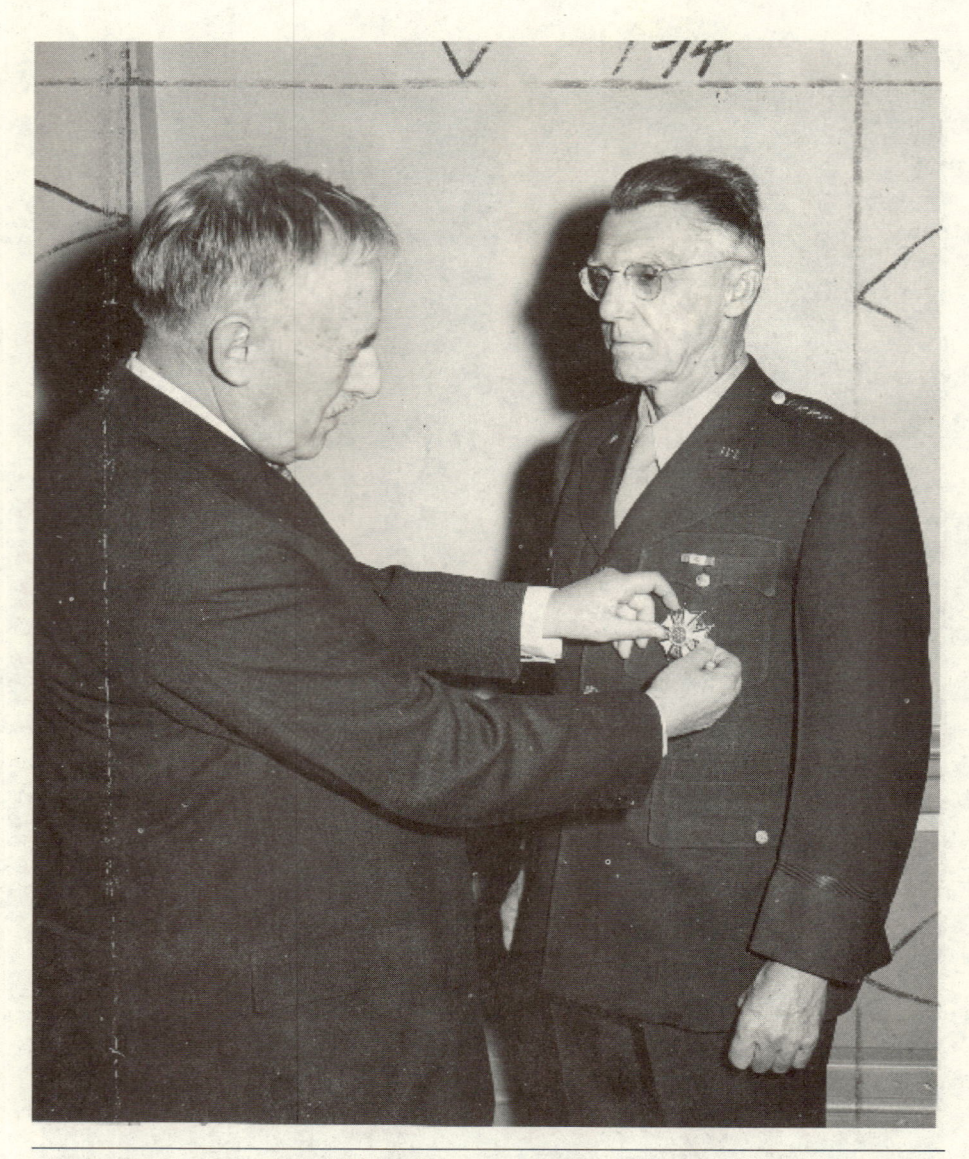

▲ 1945年2月10日，在华盛顿特区(Washington DC)，美国陆军部长亨利·L. 史汀生(Henry L. Stimson)为史迪威将军授予荣誉军团勋章，表彰其在中缅印战区抗击日本的战争中顽强的决心、杰出的领导和不屈不挠的精神；同时，授予史迪威将军优秀服务橡叶勋章，表彰将军在打通利多公路(Ledo Road)中克服万难，计划并推进公路建设的巨大勇气和功绩。(1945年2月15日)
出自美军战争信息部
美陆军官方照片
档案来源：美国国家档案馆(Joseph W. Stilwell Photo\208-PU-193 G)

▲ 史迪威将军摄于华盛顿特区（Washington DC），时任美国陆军地面部队司令。（1945年3月15日）
出自美陆军战争信息办公室（编号：38919-FA）
档案来源：美国国家档案馆（Joseph W. Stilwell Photo\Records of the Office of War Information Prints photos of Notable Personalities, 1942–1945 Stilwell\Box 193\208-PU-193 P-11）

▲ 史迪威将军。
档案来源：约翰·伊斯特布鲁克（John Easterbrook）

▲ 史迪威将军为其专机机组人员之一鲍尔斯(Bowles)中士别上航空勋章并与其握手祝贺。史迪威告诉鲍尔斯中士:"我与你一起飞行时,就知道你终会获得此勋章。"史迪威将军时任美国陆军地面部队司令。(华盛顿特区,1945年)

档案来源:美国斯坦福大学胡佛研究所档案馆(Paul L. Jones\Box 4\0149–214.02\4.11)

十二、新负重任

1945年是史迪威将军收获的季节。

1月,返回美国后的史迪威将军被任命为美国陆军地面部队指挥官,负责训练事宜。

2月10日,史迪威将军荣获美国最高级的荣誉军团勋章和橡叶勋章,以表彰他在中缅印战区作出的杰出贡献和打通中印通道中所获得的"异常艰巨的功绩"。

这一时期,史迪威将军花很多时间和精力编纂参谋人员整理的《中缅印战区史》,稿子足足装满了一个铁箱,主要对中国战区的指挥权进行了回顾,对美国对华政策提出了挑战,谴责蒋介石政府并预告这个政府必然垮台。由于涉及对蒋介石和英国人的严厉批评和对美国政策的异议,而史迪威拒绝删去这部分精华,该书最终未能出版。

6月23日,史迪威将军出任美国第10集团军司令,指挥冲绳(Okinawa)岛战役。

8月,日本宣布投降,作为美军代表团的高级将领之一,史迪威将军参加了9月2日在日本东京湾"密苏里"号战列舰上举行的日本投降签字仪式。此刻,史迪威感到一种苦涩的快乐,对日本在中国惨无人道的行径和对其他盟国肆意侵略所怀的仇恨终于得到了洗雪;9月7日,史迪威将军主持了在冲绳岛举行的日本投降仪式,并代表胜利方在日军投降书上签字。

10月,史迪威将军奉命调到华盛顿任军备局局长。

1946年1月,史迪威将军被任命为第6集团军司令,负责西部防御。

1946年10月11日,美国陆军部长帕特森(Patterson)授予史迪威将军希望已久的作战步兵勋章。

日本投降后,史迪威将军十分渴望重新回到中国。他以看望北平老朋友的名义,通过正在中国访问的乔治·C.马歇尔(George C. Marshall)向蒋介石正式提出来华要求,却遭到蒋介石的断然拒绝。

（一）奔赴冲绳

▲ 美陆军将军道格拉斯·麦克阿瑟（Douglas MacArthur）任命史迪威将军为美陆军第10集团军司令，负责太平洋战役。一名四星将军被新任命为第10集团军总司令标志着这支部队在即将战胜日军的战争中日益重要的作用。（1944年12月）
档案来源：美国国家档案馆（Joseph W. Stilwell\Box 193\208-PU-193 P-1\SC-185140）

▲ 史迪威将军，时任美陆军地面部队司令，祝贺陆军工程队路易斯·Y.多森（Louis Y. Dawson）上校荣获勋章，多森上校因中缅印战区卓越贡献荣获功绩勋章。（华盛顿特区，1945年1月31日）
美陆军照片（编号：APB-45-178）
由陆军公共关系部发布（1945年2月14日）
档案来源：美国国家档案馆（CBI Photos\RG 111-SC\Box 939\437948-437987 7738\ SC-437964）

▲ 史迪威将军（左二）被新任命为美陆军地面部队司令，在德克萨斯州沃尔特斯（Wolters, TX）军营视察受训部队期间与美步兵新兵补充训练中心（IRTC）指挥官布鲁斯·马格鲁德（Bruce Magruder）少将在办公室谈话。（1945年2月15日）
德克萨斯州沃尔特斯军营照片（编号：8SC-12-45-234）
Van E. Allen 拍摄
美陆军部公共关系部官方发布
档案来源：美国国家档案馆（CBI Photos\RG 111-SC\Box 939\4438228-4438267 7745\SC-4438259）

▲ 史迪威将军视察美国北卡罗来纳州布拉格堡(Ft. Bragg, NC)的野战炮兵训练中心。(1945年3月1日)
美军通信兵照片
出自美战争信息办公室
美陆军公共关系部发布
档案来源：美国国家档案馆（Joseph W. Stilwell Photo\208-PU-193S Folder 3）

▲ 史迪威将军，时任美陆军地面部队总司令，在比较吕宋（Luzon）北面卡拉巴略山脉（Caraballo）与缅北的战斗环境时说，吕宋岛的战斗与缅甸抗击一样艰苦。图为史迪威将军与第32红箭步兵师（Red Arrow）司令威廉·H.格尔（William H. Gill）少将视察冲绳岛（Okinawa）战场前线。（1945年5月31日）
美第32步兵师照片
出自美战争信息办公室
档案来源：美国国家档案馆（Joseph W. Stilwell Photo\208-PU-193H-1）

▲ 1945年6月7日,史迪威将军与小西蒙·波利瓦·巴克纳(Simon Bolivar Buckner, Jr.)中将在冲绳岛(Okinawa)巴克纳的司令部交谈,同月18日,巴克纳在视察冲绳前线时被日本的榴霰弹击中阵亡。
美军通信兵照片(编号:42465-FA)
出自美陆军战争信息办公室
档案来源:美国国家档案馆(Joseph W. Stilwell Photo\208-PU-103S Folder 2\SC-207213-S)

▲ 史迪威将军在菲律宾为P. W.格拉克森（P. W. Clarkson）少将授勋。（1945年6月）
档案来源：美国斯坦福大学胡佛研究所档案馆（Joseph W. Stilwell Collection\Box 112\51001-9.18）

▲ 史迪威将军（左二）在冲绳岛（Okinawa）战场视察中，访问第7军旧部，与第10军司令小西蒙·波利瓦·巴克纳（Simon Bolivar Buckner, Jr.）中将的副官弗兰克·哈伯德（Frank Hubbard）少校（左一）、陆军军需部的弗兰克·赫尔曼（Frank Heileman）少将（左三）共进午餐。（1945年6月）

档案来源：美国国家档案馆（Joseph W. Stilwell Photo\208-PU-103S Folder 2）

▲ 史迪威将军在离日本600公里的琉球群岛冲绳岛（Okinawa）上视察第7军部队。没有人能使史迪威将军长时间远离前线，新上任的地面部队总司令刚视察了道路泥泞的冲绳岛，戴着他的旧毡帽，步行穿过泥泞的道路，抵达正在等着的2.5吨卡车。这种卡车是唯一能够行驶通向停机处泥泞路上的车辆。走在史迪威将军前面的是第7军指挥员阿奇·V.阿诺德（Arch V. Arnold）少将。（1945年6月4日）
出自美陆军战争信息办公室
档案来源：美国国家档案馆（Joseph W. Stilwell Photo\208-PU-193H）

▲ 时任美国陆军地面部队司令的史迪威将军戴着旧的宽边毡帽，在冲绳岛（Okinawa）前线，与第17步兵团来自佛罗里达州坦帕（Tampa, FL）的弗兰西斯·帕克勒（Francis Pachler）上校（左二）、来自北达科达州俾斯麦（Bismarck, ND）的阿尔伯特·V. 哈特尔（Albert V. Hartl，同史迪威一起持地图者）中校审视作战地图。哈特尔时任步兵团上校助理。（1945年6月4日）

档案来源：美国国家档案馆（Joseph W. Stilwell Photo\208-PU-103S Folder 2）

▲ 小西蒙·波利瓦·巴克纳(Simon Bolivar Buckner, Jr.)中将于1945年6月18日在冲绳岛(Okinawa)战役中被敌人的炮弹击中阵亡之后,史迪威将军接任美国陆军第10集团军司令。1945年6月23日,史迪威将军与罗伯特·理查德森(Robert Richardson)中将在冲绳岛一机场,此时,史迪威将军抵达冲绳岛接受第10集团军司令任职。
美军通信兵照片(编号:CPA-45-10511)
出自美陆军战争信息办公室
档案来源:美国国家档案馆(Joseph W. Stilwell Photo\208-PU-103S Folder 2\SC-207213-S)

十二、新负重任　985

▲ 史迪威将军(左一)计划视察驻冲绳岛(Okinawa)上的第10集团军,与第10集团军陆军航空官员威廉·本特雷(William Bentley)上校站在AAF L-5 小飞机(CUB)旁,核对地图,本特雷上校是史迪威将军视察战地的飞行员。(1945年6月27日)
出自美陆航空部队
档案来源:美国国家档案馆(Joseph W. Stilwell Photo\208-PU-103S Folder 2)

▲ 史迪威将军时任美军陆第10集团军总司令，视察收复的冲绳岛（Okinawa）日军司令牛岛满（Ushijima Mitsuru）中将司令部后，在司令部山洞前与美海军陆战队海陆军高级军官交谈，此日军司令部的收复标志着冲绳岛日军有组织的抵抗结束。（1945年6月27日）
美海军陆战队照片（编号：125698）
海军陆战队一等兵Sam Bushemi拍摄
出自美海军陆战队司令部
档案来源：美国国家档案馆（Joseph W.Stilwell Photo\208-PU-103S Folder 2）

▲ 史迪威将军参加冲绳岛（Okinawa）升旗仪式，时任美陆军第10集团军司令的史迪威将军在冲绳岛89号山头对参加升旗仪式的战士讲话。随着89号山头的收复，美军结束了日军的抵抗。(1945年7月1日)
美陆军第一信息历史部照片（编号：File 1TH-45-2073）
Schauer 拍摄
美陆军官方发布
档案来源：美国国家档案馆（Joseph W. Stilwell Photo\208-PU-139S File D）

▲ 在琉球群岛冲绳岛（Okinawa, Ryukyu Islands）89号山头举行的升旗仪式中，时任美陆军第10集团军司令的史迪威将军（左一）与团长约翰·M.菲恩（John M. Finn）上校（左二）交谈。该山头的收复结束了日军在这座重要岛屿上的抵抗。（1945年7月5日）
美陆军官方照片（编号：40540-FA）
出自美战争信息办公室
档案来源：美国国家档案馆（Joseph W. Stilwell Photo\208-PU-103S Folder 2）

▲ 史迪威将军在冲绳岛(Okinawa)发表讲话。(1945年7月29日)
档案来源:周敏

▲ 来自印第安纳州马利安（Marion, IN）的特种兵拉尔夫·霍洛韦（Ralph Holloway）上尉是第27师105团2营E连的排长，他正在冲绳岛（Okinawa）北部山区阿达（Ada）以西约3英里处，带领队伍涉水前行，准备在这一地区痛击日军。（1945年8月2日）
美军通信兵照片（编号：CPA-45-12334）
Mokis拍摄
美陆军部公共关系部发布
档案来源：美国国家档案馆（RG 111-SC\Box 431\251021-251060 3138\SC-251056）

▲ 在吕宋岛(Luzon Island),史迪威将军与美国陆军第6集团军上将沃尔特·克瑞格尔(Walter Krueger)交谈。(1945年12月)
美军通信兵照片(编号:42628-FA)
出自美陆军战争信息办公室
档案来源:美国国家档案馆(Joseph W. Stilwell Photo\208-PU-193H)

（二）投降仪式

▲ 在停泊于日本东京湾美军"密苏里"军舰（USS Missouri）上举行日本投降书签署仪式。图为军舰上空成群的飞机。（1945年9月2日）
美军通信兵照片
档案来源：美国斯坦福大学胡佛研究所档案馆（Joseph W. Stilwell\Box 103\I.3 J.W. Stilwell Collection 51001-10 A-V）

▲ 在停泊于日本东京湾的美军"密苏里"军舰(USS Missouri)上举行日本投降书签署仪式。图为日本代表正抵达军舰。(1945年9月2日)
美军通信兵照片
档案来源：美国斯坦福大学胡佛研究所档案馆(Joseph W. Stilwell\Box 103\I.3 J.W. Stilwell Collection 51001-10 A-V)

▲ 在泊于日本东京湾的美军"密苏里"军舰（USS Missouri）上，日本签署投降书。（1945年9月2日）

美军通信兵照片

档案来源：美国斯坦福大学胡佛研究所档案馆（Joseph W. Stilwell\Box 103\I.3 J.W. Stilwell Collection 51001-10 A-V）

▲ 在停泊于日本东京湾美军"密苏里"军舰(USS Missouri)上,举行日本投降书签署仪式,史迪威将军(列队站立前排右三)参加了签署仪式。(1945年9月2日)
美军通信兵照片
档案来源:美国斯坦福大学胡佛研究所档案馆(Joseph W. Stilwell\Box 103\I.3 J.W. Stilwell Collection 51001-10 A-V)

▲ 在停泊于日本东京湾美军"密苏里"军舰(USS Missouri)上,日本代表签署投降书,史迪威将军(前排左三)作为美方高级将领之一参加了日本投降书签署仪式,接受日军的正式投降。他双拳紧握,怒目而视。(1945年9月2日)
美军通信兵照片
档案来源:美国斯坦福大学胡佛研究所档案馆(Joseph W. Stilwell\Box 103\I.3 J.W. Stilwell Collection 51001–10 A–V)

▲ 史迪威将军（前排右二）参加在泊于日本东京湾的美军"密苏里"军舰（USS Missouri）上举行的日本投降书签字仪式，美军代表正签署日本投降书。（1945年9月2日）
美军通信兵照片
档案来源：美国斯坦福大学胡佛研究所档案馆（Joseph W. Stilwell\Box 103\I.3 J. W. Stilwell Collection 51001-10 A-V）

▲ 史迪威将军（前排右三）参加在泊于日本东京湾的美军"密苏里"军舰（USS Missouri）上举行的日本投降仪式，美方代表正签署日本投降书。（1945年9月2日）
美陆军Paul L. Jones上校拍摄
档案来源：约翰·伊斯特布鲁克（John Easterbrook）

▲ 在日本东京湾的美军"密苏里"军舰(USS Missouri)上,参加日本投降书签署仪式后,史迪威将军(左五)与美国将军们集体合影。(1945年9月2日)
档案来源:美国斯坦福大学胡佛研究所档案馆(Joseph W. Stilwell\Box 103\I.3 J.W. Stilwell Collection 51001-10 A-V)

▲ 在冲绳岛（Okinawa）上举行的日本投降书签署仪式前一天，史迪威将军登上了USS新泽西战舰，与海军上将雷蒙德·A.斯普鲁恩斯（Raymond A. Spruance）会面。（1945年9月6日）
档案来源：约翰·伊斯特布鲁克（John Easterbrook）

▲ 继日本东京湾美军"密苏里"号军舰(USS Missouri)上日本投降书签署仪式后,南京、新加坡及冲绳岛(Okinawa)等分别举行了日军投降仪式。图为冲绳岛的炮兵部队为日本投降作好装备。
美陆军 Paul L. Jones 上校拍摄
档案来源:约翰·伊斯特布鲁克(John Easterbrook)

▲ 1945年9月7日,日本在冲绳岛(Okinawa)签署投降书,史迪威将军主持了日本投降书签字仪式。图为参加投降仪式的8名日军官员进入签字仪式现场。(1945年9月7日)美陆军 Paul L. Jones 上校拍摄

档案来源:约翰·伊斯特布鲁克(John Easterbrook)

▲ 冲绳岛(Okinawa)上日军投降书签署仪式现场。(1945年9月7日)
美陆军 Paul L. Jones 上校拍摄
档案来源:约翰·伊斯特布鲁克(John Easterbrook)

▲ 在冲绳岛（Okinawa）日军投降书签署仪式前，日军与美军互相致礼。(1945年9月7日)
美陆军 Paul L. Jones 上校拍摄
档案来源：约翰·伊斯特布鲁克（John Easterbrook）

▲ 8名日军官员参加了冲绳岛（Okinawa）日军投降书签署仪式，其中3名签署了投降书，他们分别是：Toshiro Nomi 中将、Toshisada Takada 少将、Tado Kato 海军少将。（1945年9月7日）
美陆军 Paul L. Jones 上校拍摄
档案来源：美国斯坦福大学胡佛研究所档案馆（Paul L. Jones\Box 4\0149-214.02\4.11）

▲ 图为史迪威将军在冲绳岛(Okinawa)签署日军投降书。史迪威将军邀请在岛上所有美军人员参加仪式。仪式上,8名日本军官缴械了战刀,3名日本军官在投降书上签字。(1945年9月7日)

档案来源:美国斯坦福大学胡佛研究所档案馆(Paul L. Jones\Box 4\0149-214.02\4.11)

▲ 史迪威将军参加日本投降书签署仪式后返回美国,家人在机场等候。从左至右:杰·图斯尔(Jay Tuthill,史迪威的朋友)、威妮弗雷德(Winifred"Doot",史迪威将军的女儿)、艾莉森(Alison,史迪威将军的女儿)、南希(Nancy,史迪威将军的女儿)和史迪威将军夫人以及加里(Gary,史迪威的爱犬)。(1945年10月18日)
Hurl A. Swartz 拍摄

档案来源:美国斯坦福大学胡佛研究所档案馆(Joseph W. Stilwell\Box 103\I.3 J. W. Stilwell Collection 51001–10 A–V)

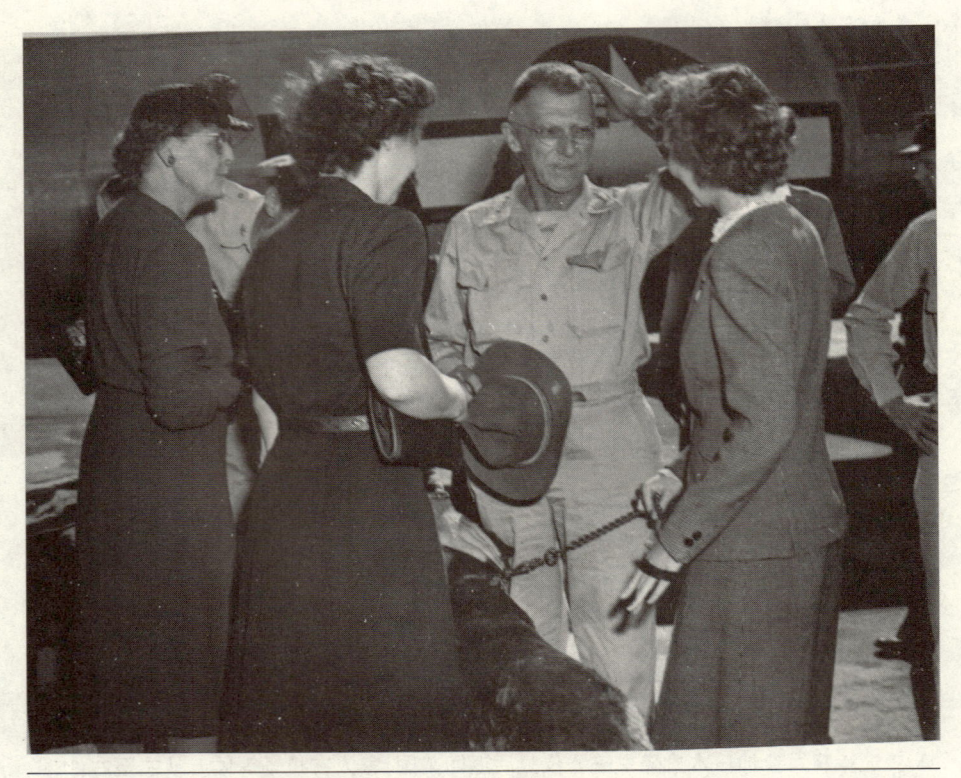

▲ 史迪威将军参加日本投降书签署仪式后从夏威夷飞回美国,家人在蒙特雷(Monterey, CA)海军航空站迎接史迪威将军。从左至右:史迪威将军夫人、威妮弗雷德(Winifred"Doot",史迪威将军的女儿)、艾莉森(Alison)以及加里(Gary,史迪威的爱犬)。(1945年10月18日)
Hurl A. Swartz 拍摄
档案来源:美国斯坦福大学胡佛研究所档案馆(Joseph W. Stilwell\Box 103\ I.3 J. W. Stilwell Collection 51001-10 A-V)

▲ 弗兰克·D.梅里尔（Frank D. Merrill）少将和比尔·伯金（Bill Bergin）少将与史迪威将军的爱犬加里（Gary）在一起迎接史迪威将军返回美国。（1945年10月18日）
Hurl A. Swartz 拍摄

档案来源：美国斯坦福大学胡佛研究所档案馆(Joseph W. Stilwell\Box 103\ I.3 J.W. Stilwell Collection 51001-10 A-V）

十三、中美人民的怀念

1946年10月12日,史迪威因患胃癌在昏迷中悄然去世,享年63岁。按照他的遗愿,骨灰撒在加州卡梅尔(Carmel,CA)家附近太平洋的万顷碧波之中。

他深深地思念着中国,临终前,他对家人说:"我希望你们以后能代我去看看中国。"遗憾的是由于历史原因,直到30年后,他最钟爱的女儿南希·史迪威·伊斯特布鲁克(Nancy Stilwell Easterbrook)才再度来到中国,完成了父亲的夙愿。

史迪威在华任职期间,是中美关系比较良好的时期,也是中国共产党对美外交的开始,他因此被公认为是中美关系史上最重要的人物之一。史迪威将军去世后,中美两国人民举行各种活动,以特殊的方式纪念这位坚强的反法西斯战士。

美国西点军校为史迪威将军树立了纪念碑。在军校的博物馆,至今陈列着史迪威戴过的帽子和穿过的靴子,它们曾伴随着将军度过战场上那些最艰苦的日子。美国斯坦福大学胡佛研究所档案馆是全世界最大的政治、经济、文献收藏地之一,史迪威将军的日记和部分缅甸战场的档案,在1948年公开后,由史迪威夫人捐献给胡佛研究所档案馆,成为后人了解和研究史迪威将军以及东南亚战场的宝贵资料。位于美国马里兰州(MD)的美国国家档案馆专门保存了史迪威在抗战期间的影像档案和文字资料。2000年,美国邮政总局发行了一枚史迪威纪念邮票。

中国人民从未忘记为中华民族的解放事业作出贡献的史迪威将军。

——1991年10月,在史迪威将军逝世45周年之际,中国国际友人研究会和重庆市政府联合举行了隆重的纪念活动,召开了史迪威将军研讨会。这是中国第一次为一位外国历史人物举行的专题学术会议。中国国务院原副总理、全国人大常委会副委员长黄华和史迪威将军的亲属参加了活动。与会代表高度评价了将军的高尚品德和对中国抗日战争的卓越贡献。重庆出版社出版了《史迪威与中国》一书,反映了史迪威将军在中缅印战区的军旅生活,探讨了"史迪威事件"的背景、原因及实质,对史迪威将军的研究有了一个良好的开端。同年,重庆市成立史迪威中心,这是我国第一个为纪念一个外国人和对美国开展文化、教育、军事、历史等方面的学术研究与交往的官方机构;同时,重庆市政府在史迪威将军抗战时期在重庆的故居建立了史迪威博物馆,这也是中国唯一以外国人的名字命名的博物馆。20多年来,博物馆接待了海内外参观者多达数十万人次。

——1993年3月,在史迪威将军诞辰百年之际,重庆史迪威中心举办了"史迪威及陪都时期在华美国人图片展览"和第二次史迪威将军研讨会。

——1994年10月,重庆史迪威博物馆举办了"史迪威及陪都时期在华美国人展览"。美国国防部长威廉·佩里(William Perry)博士由中国国务委员、国防部长迟浩田上将陪同,参观了史迪威博物馆,向史迪威铜像敬献花圈,参观了展览,中美两国国防部长和来宾欣然为展览题词,高度赞扬史迪威在抗战期间的贡献和二战时期中美两国的精诚合作。

——2003年3月,重庆史迪威博物馆整修以后重新开馆,举行了"纪念史迪威将军诞辰120周年座谈会"及"纪念史迪威将军诞辰暨重庆史迪威博物馆开馆仪式"。

——2012年6月29日,重庆史迪威博物馆举行了"纪念史迪威将军来华70周年暨中缅印战区图片展"。

——2013年3月,重庆史迪威博物馆被国务院列入第7批全国重点文物保护单位。

——2013年6月4日,中国国际友人研究会、中国公共外交协会和中国社科院共同主办了"纪念史迪威将军诞辰130周年图片展"。

——2014年2月26日,重庆史迪威博物馆作为同盟国中国战区统帅部参谋长官邸旧址,举行了全国重点文物保护单位挂牌仪式。

为纪念中国人民的伟大朋友,重庆先后建立了以史迪威名字命名的学校、图书馆等,如史迪威国际文理学院,史迪威外国语学校,以史迪威将军的女儿捐赠的书籍为基础的史迪威图书馆。

中国人民对曾为中华民族的解放事业作出贡献的史迪威将军怀有深深的敬意,史迪威将军永远活在中美两国人民的心中。

▲ 史迪威将军生前拍摄的最后一张戎装照片。(1946年9月)
档案来源：约翰·伊斯特布鲁克(John Easterbrook)

▲ 史迪威将军生前在美国加州卡梅尔（Carmel, CA）的住宅。
John Easterbrook 拍摄
档案来源：约翰·伊斯特布鲁克（John Easterbrook）

▲ 史迪威将军在美国加州卡梅尔(Carmel, CA)住宅前的铭牌，上面镌刻着："约瑟夫·史迪威，'酸醋乔'，陆军将军之家，一名对美利坚合众国绝对忠诚举世无双的战士。"
John Easterbrook 拍摄

档案来源：约翰·伊斯特布鲁克（John Easterbrook）

▲ 史迪威将军1942年5月走出缅甸时穿的皮鞋,该皮鞋现存于西点军校博物馆。
档案来源:美国斯坦福大学胡佛研究所档案馆(Joseph W. Stilwell\Box 103\J. W. Stilwell Collection 51001-10 A-V)

▲ 史迪威将军常戴的宽边毡帽,该毡帽现存于西点军校博物馆。
档案来源:美国斯坦福大学胡佛研究所档案馆(Joseph W. Stilwell\Box 103\ J.W. Stilwell Collection 51001-10 A-V)

STILWELL FIELD
DEDICATED 11 NOVEMBER 1946
TO
GENERAL
JOSEPH WARREN STILWELL
UNITED STATES ARMY
19 MARCH 1883   12 OCTOBER 1946

▲ 乔治亚州(GA)的本宁堡军事基地(Fort Benning)阅兵场以史迪威将军名字命名。图为阅兵场纪念铭牌。(1946年11月11日)
档案来源：美国斯坦福大学胡佛研究所档案馆(Joseph W. Stilwell\Box 103\ J.W. Stilwell Collection 51001–10 A–V)

▲ 乔治亚州(GA)的本宁堡军事基地(Fort Benning)阅兵场以史迪威将军名字命名。图为阅兵场命名仪式。(1946年11月11日)
档案来源:美国斯坦福大学胡佛研究所档案馆(Joseph W. Stilwell\Box 103\ J.W. Stilwell Collection 51001-10 A-V)

▲ 在乔治亚州（GA）的本宁堡军事基地（Fort Benning），以史迪威将军名字命名的阅兵场揭幕仪式。（1946年11月11日）
档案来源：美国斯坦福大学胡佛研究所档案馆（Joseph W. Stilwell\Box 103\ J.W. Stilwell Collection 51001-10 A-V）

▲ 乔治亚州(GA)的本宁堡军事基地(Fort Benning)以史迪威将军名字命名的阅兵场纪念铭牌。(1947年3月27日)
档案来源：美国斯坦福大学胡佛研究所档案馆(Joseph W. Stilwell\Box 103\J. W. Stilwell Collection 51001-10 A-V)

▲ 史迪威将军家人在乔治亚州（GA）的本宁堡军事基地（Fort Benning）举行以史迪威将军名字命名的阅兵场纪念铭牌落成仪式上。从左至右：本宁堡指挥官"铁麦克"奥丹尼尔（"Iron Mike" O'Daniel）将军、史迪威将军夫人威妮弗雷德（Mrs. Winifred Stilwell）、史迪威的女儿南希（Nancy）和艾莉森（Alison）。（1947年3月27日）
档案来源：美国斯坦福大学胡佛研究所档案馆（Joseph W. Stilwell\Box 103 \J.W. Stilwell Collection 51001-10 A-V）

▲ 史迪威将军的家人出席在位于美国加州旧金山（San Francisco, CA）的美军事基地举行的史迪威礼堂命名典礼。从左至右：史迪威将军夫人威妮弗雷德（Mrs. Winifred Stilwell），女儿南希（Nancy）、艾莉森（Alison）、威妮弗雷德（Winifred "Doot"），马克·克拉克（Mark Clark）将军（脸部部分遮住），史迪威将军的儿子本杰明·史迪威（Ben Stilwell）。（1947年10月18日）

档案来源：美国斯坦福大学胡佛研究所档案馆（Joseph W. Stilwell\Box 103\J.W. Stilwell Collection 51001-10 A-V）

▲ 史迪威将军家人参加在位于美国加州旧金山（San Francisco, CA）的美军事基地举行的史迪威礼堂命名揭幕典礼上。从左至右：史迪威将军夫人威妮弗雷德（Mrs. Winifred Stilwell），史迪威将军的女儿南希（Nancy，在史迪威夫人后面）、艾莉森（Alison），第6集团军司令马克·克拉克（Mark Clark）将军，史迪威将军的女儿威妮弗雷德（Winifred"Doot"）。（1947年10月18日）

档案来源：美国斯坦福大学胡佛研究所档案馆（Joseph W. Stilwell\Box 103\J.W. Stilwell Collection 51001-10 A-V）

▲ 在位于美国加州旧金山（San Francisco, CA）的美军事基地举行的史迪威礼堂命名典礼上，史迪威将军的夫人威妮弗雷德（Mrs. Winifred Stilwell，左一）与美军第6集团军司令马克·克拉克（Mark Clark）将军（左三）。（1947年10月18日）
档案来源：美国斯坦福大学胡佛研究所档案馆（Joseph W. Stilwell\Box 103\J.W. Stilwell Collection 51001-10 A-V）

▲ 史迪威将军的夫人威妮弗雷德(Mrs. Winifred Stilwell)与美军第6集团军司令马克·克拉克(Mark Clark)将军(站在史迪威将军夫人后面)(左一)在位于美国加州旧金山(San Francisco, CA)美军事基地举行的史迪威礼堂命名典礼上。(1947年10月18日)
档案来源：美国斯坦福大学胡佛研究所档案馆(Joseph W. Stilwell\Box 103\J.W. Stilwell Collection 51001-10 A-V)

▲ 史迪威将军夫人威妮弗雷德（Mrs. Winifred Stilwell）与美军第6集团军司令马克·克拉克（Mark Clark）将军在位于美国加州旧金山（San Francisco, CA）的美军事基地举行的史迪威礼堂命名典礼上。(1947年10月18日)
档案来源：美国斯坦福大学胡佛研究所档案馆（Joseph W. Stilwell\Box 103\J.W. Stilwell Collection 51001-10 A-V）

▲ 史迪威将军夫人威妮弗雷德（Mrs. Winifred Stilwell）在美国加州旧金山（San Francisco, CA）美军事基地举行的史迪威礼堂命名典礼上讲话。（1947年10月18日）
档案来源：美国斯坦福大学胡佛研究所档案馆（Joseph W. Stilwell\Box 103\J.W. Stilwell Collection 51001-10 A-V）

十三、中美人民的怀念　1029

▲ 在美国加州旧金山(San Francisco, CA)美军事基地举行的史迪威礼堂命名典礼上，史迪威将军夫人威妮弗雷德(Mrs. Winifred Stilwell)为铭牌揭幕。(1947年10月18日)
档案来源：美国斯坦福大学胡佛研究所档案馆(Joseph W. Stilwell\Box 103\J.W. Stilwell Collection 51001–10 A–V)

▲ 史迪威将军夫人威妮弗雷德（Mrs. Winifred Stilwell）接受格瑞森·H.戴维森（Garrison H. Davidson）准将为已故史迪威将军颁发的空军奖章。该奖章是表彰史迪威将军对中缅印战区空中力量作出的贡献。（1949年6月29日）
美陆军照片（编号：9166-528-1/AM-49）
美第6集团军图片中心 G. E. Ison 中士拍摄
档案来源：美国斯坦福大学胡佛研究所档案馆（Joseph W. Stilwell\Box 103\ J.W. Stilwell Collection 51001-10 A-V）

十三、中美人民的怀念　1031

▲ 为纪念史迪威将军，西点军校将位于军校西面的波波洛本水坝（Poplopen Creek Dam）和波波洛本水库（Poplopen Reservoir）分别命名为"史迪威水坝"（Stilwell Dam）和"史迪威湖"（Stilwell Lake）。命名仪式期间，史迪威将军夫人（Mrs. Winifred Stilwell）在观看"史迪威湖"和"史迪威水坝"铭牌。左为陆军总工程师刘易斯·皮克（Lewis Pick）少将，右为西点军校校长布赖恩特·E.莫尔（Bryant E. Moore）上将。（1949年7月26日）

档案来源：美国斯坦福大学胡佛研究所档案馆（Joseph W. Stilwell\Box 103\ J. W. Stilwell Collection 51001-10 A-V）

▲ 史迪威将军夫人威妮弗雷德（Mrs. Winifred Stilwell）在西点军校"史迪威水坝"（Stilwell Dam）和"史迪威湖"（Stilwell Lake）的命名仪式上讲话。（1949年7月26日）
美陆军照片
A. Kepler 拍摄
档案来源：美国斯坦福大学胡佛研究所档案馆（Joseph W. Stilwell\Box 103\ J.W. Stilwell Collection 51001-10 A-V）

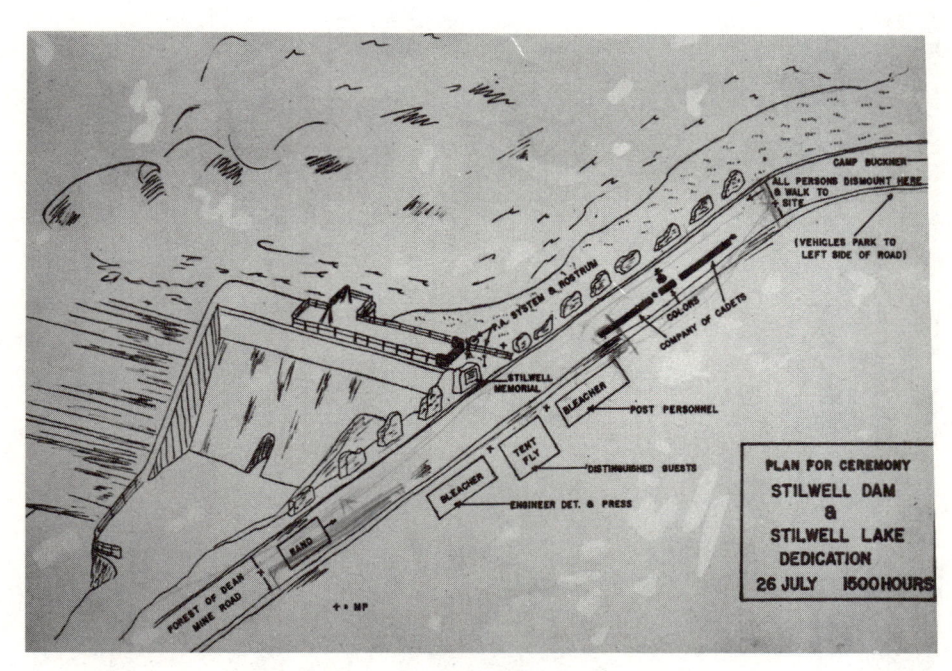

▲ 在美西点军校举行"史迪威水坝"(Stilwell Dam)和"史迪威湖"(Stilwell Lake)命名仪式的示意图。(1949年7月26日)
美陆军摄影连照片(编号:04653)
档案来源:美国斯坦福大学胡佛研究所档案馆(Joseph W. Stilwell\Box 103\ J.W. Stilwell Collection 51001–10 A–V)

▲ 史迪威将军夫人威妮弗雷德（Mrs. Winifred Stilwell）在佛罗里达州帕拉特卡（Palatka, FL）美陆军预备队中心参加纪念史迪威将军铭牌揭幕仪式。（1962年3月7日）
档案来源：美国斯坦福大学胡佛研究所档案馆（Joseph W. Stilwell\Box 103\ J.W. Stilwell Collection 51001-10 A-V）

▲ 史迪威将军夫人威妮弗雷德（Mrs. Winifred Stilwell）在佛罗里达州帕拉特卡（Palatka, FL）美陆军预备队中心参加纪念史迪威将军铭牌揭幕仪式，铭牌右边站立者为乔治·邓肯（George Duncan）少将。（1962年3月7日）
档案来源：美国斯坦福大学胡佛研究所档案馆（Joseph W. Stilwell\Box 103\J. W. Stilwell Collection 51001–10 A–V）

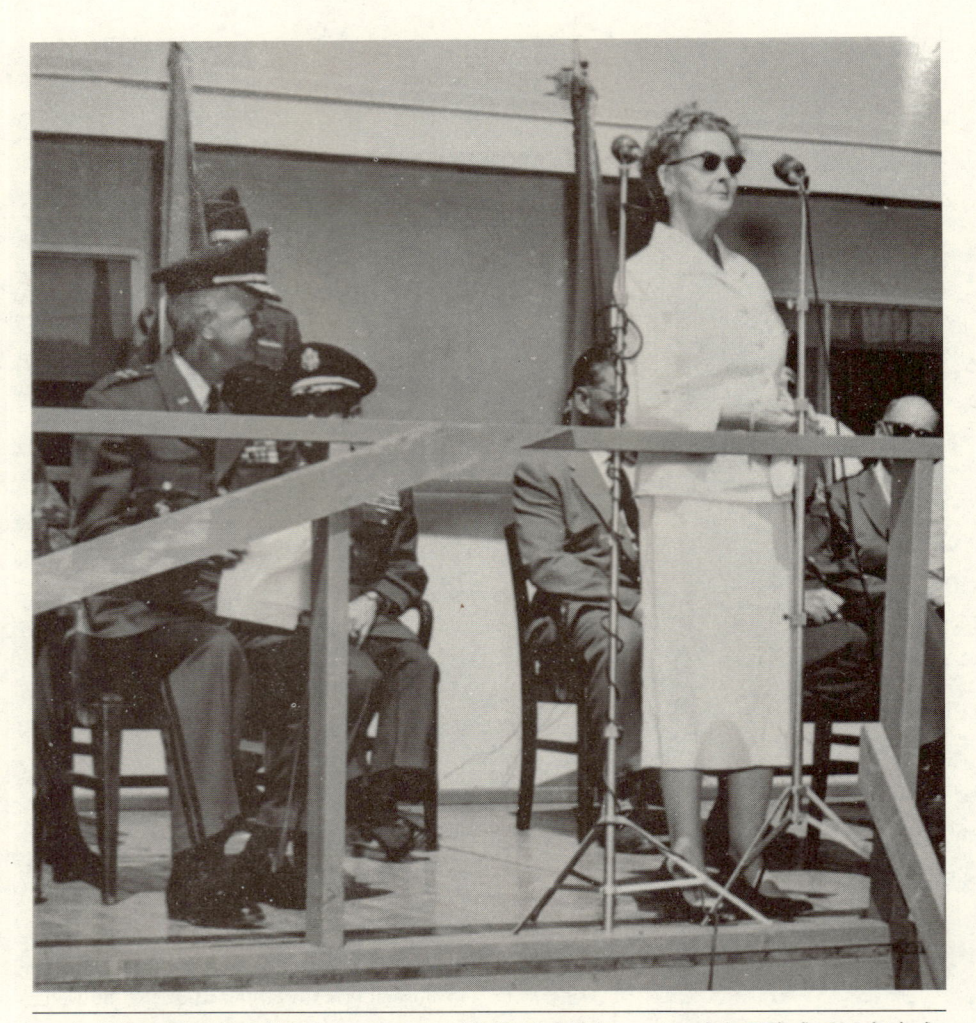

▲ 加州美陆军兵营奥德堡（Fort Ord, CA）的凯普哈特（Capehart）大厦建成后以史迪威名字命名，命名仪式由兵营指挥官威廉·M.布雷肯里奇（William M. Breckinridge）少将（坐左边者）主持，史迪威将军夫人威妮弗雷德（Mrs. Winifred Stilwell）在命名仪式上讲话。
美陆军照片（编号：2525-1）
美陆军一等兵Singley拍摄
档案来源：美国斯坦福大学胡佛研究所档案馆（Joseph W. Stilwell\Box 103\ J.W. Stilwell Collection 51001-10 A-V）

▲ 西点军校为史迪威将军建立的纪念碑。
档案来源：美国斯坦福大学胡佛研究所档案馆(Joseph W. Stilwell\Box 103\J.W. Stilwell Collection 51001-10 A-V)

▲ 史迪威将军家人访问中国，摄于北京人民大会堂。（1987年）
　档案来源：约翰·伊斯特布鲁克（John Easterbrook）

▲ 史迪威将军的女儿南希（Nancy Stilwell Easterbrook）与丈夫欧尼斯特·弗雷德·伊斯特布鲁克（Ernest Fred Easterbrook）少将参加在美国旧金山（San Francisco, CA）的军事基地举行的美国陆军第101空降师团聚会。图为南希与丈夫在军营博物馆展出的史迪威将军肖像前留影。（1988年）

档案来源：约翰·伊斯特布鲁克（John Easterbrook）

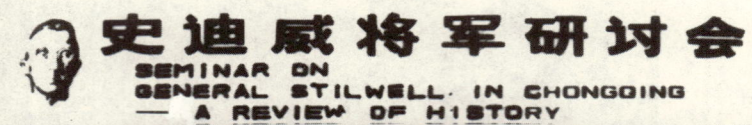

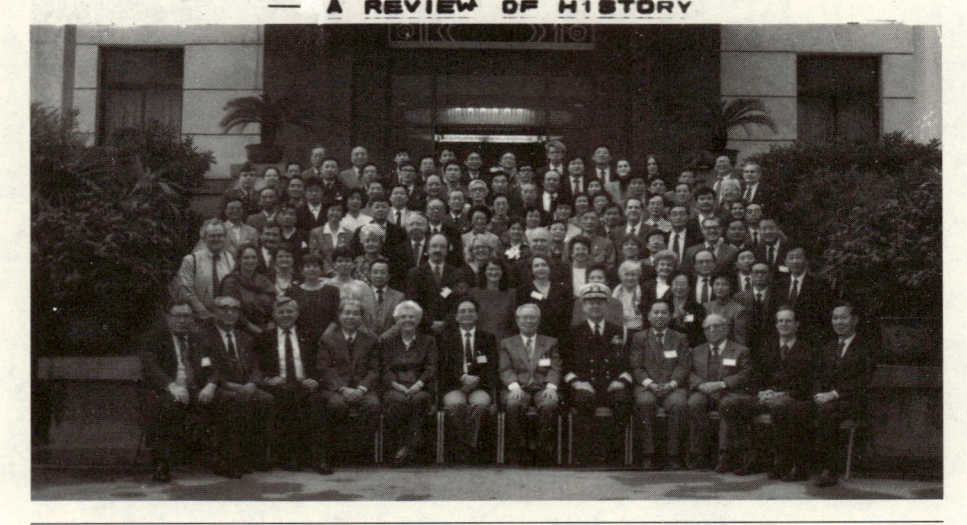

▲ 重庆举行史迪威将军研讨会，前排左五为史迪威将军的女儿南希（Nancy Stilwell Easterbrook）。(1991年10月)
档案来源：冯嘉琳

▲ 为纪念史迪威将军对中美两国共同抗击日本侵略所作出的卓越贡献,继承并发展中美友谊,1991年10月,中国国际友人研究会和重庆市人民政府在重庆成立了史迪威研究中心,同时,在史迪威抗战期间(1942—1944年)重庆的故居兼办公室建立史迪威博物馆。
徐重宁拍摄
档案来源:徐重宁

▲ 俯瞰嘉陵江的重庆史迪威博物馆。
钱陵拍摄
档案来源：钱陵

▲ 1991年,史迪威博物馆举行"史迪威将军图片展览",重庆市政协副主席孟广涵(左二)、伊斯雷尔·爱泼斯坦(Israel Epstein,左四)、重庆市委书记孙同川(左五)、重庆市地方史研究会会长周永林(左六)、周勇教授(站在孙同川后面)及友好人士参观了展览。
档案来源:周勇

▲ 1993年3月，史迪威博物馆举行了"史迪威及陪都时期在华美国人展览"，史迪威将军的女儿南希（Nancy Stilwell Easterbrook）参加了史迪威将军的纪念活动。
档案来源：周敏

▲ 继1991年史迪威将军第一次研讨会后,1994年,作为史迪威将军系列研讨会之一,重庆举办了"国际资本市场与内陆经济发展研讨会"。图为研讨会现场。(1994年)
档案来源:周勇

▲ 继1991年史迪威将军研讨会后,1993年,重庆举办了"内陆经济发展研讨会",作为史迪威将军系列研讨会之一。图为研讨会现场。
档案来源:周勇

▲ 1994年10月19日,美国国防部长威廉·佩里(William Perry)博士访华期间参观了重庆史迪威博物馆并发表讲话。佩里说,史迪威将军在二战时期同中国建立起的合作关系对双方都会带来好处,这种关系可以指导两国间建立并发展经济、文化等方面的联系。他表示期待着美中关系今后"取得新的进展"。佩里向博物馆内史迪威将军塑像献了花圈,随同他来访的美国参议员约翰·华纳(John Warner)向纪念馆赠送了二战时期中缅印战区"驼峰飞行"纪念品。陪同佩里一行参观的还有中国国防部长迟浩田、重庆市领导以及史迪威将军的女儿南希·史迪威·伊斯特布鲁克(Nancy Stilwell Easterbrook)。

档案来源:周敏

▲ 1994年10月19日，史迪威博物馆经过整修重新开馆，史迪威将军的女儿南希（Nancy Stilwell Easterbrook）出席了开馆仪式并讲话。
档案来源：约翰·伊斯特布鲁克（John Easterbrook）

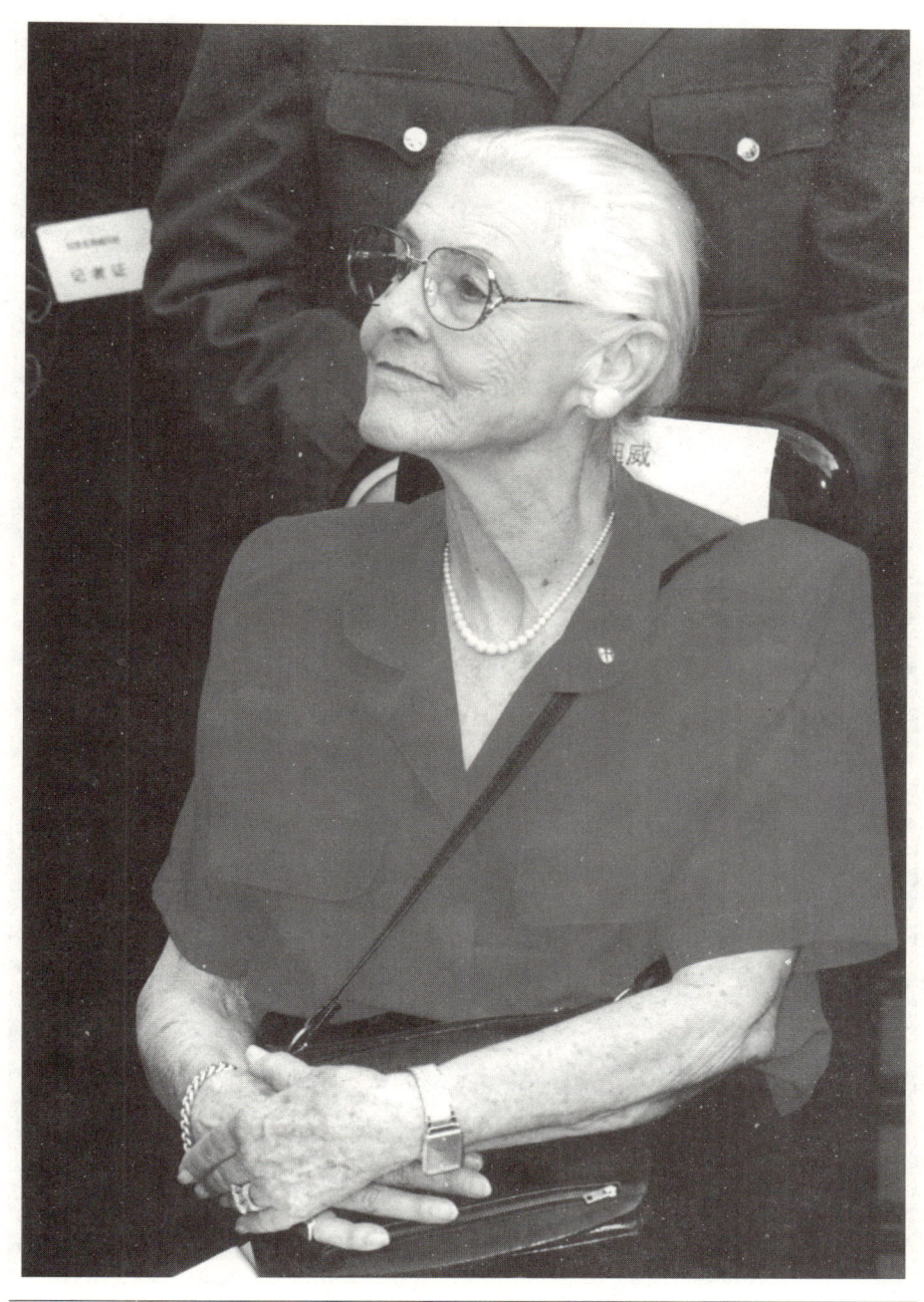

▲ 1994年10月19日,史迪威博物馆举行重新开馆仪式,美国国防部长威廉·佩里(William Perry)、史迪威将军的女儿南希(Nancy Stilwell Easterbrook)、中国国防部长迟浩田等出席了开馆仪式。图为南希在开馆仪式现场。
档案来源:约翰·伊斯特布鲁克(John Easterbrook)

▲ 1995年7月,史迪威将军的女儿南希(Nancy Stilwell Easterbrook)在美国家中接待到访的周勇教授。
档案来源:周勇

▲ 1996年9月8日,美国前国务卿亨利·A.基辛格(Henry A. Kissinger,前排左五)携夫人(前排左六)参观重庆史迪威博物馆,前联合国副秘书长谢启美(后排左四)、重庆市外办副主任张东辉(后排左二)、周勇教授(第三排左一)等陪同基辛格访问博物馆。
档案来源:周勇

▲ 史迪威将军的外孙约翰·伊斯特布鲁克（John Easterbrook, 美军退伍上校）与外孙女南希（Nancy Easterbrook Sherburne）在重庆史迪威博物馆，约翰正指着照片中的父亲，时任上校的欧尼斯特·弗雷德·伊斯特布鲁克（Ernest Fred Easterbrook,后晋升为少将）。(2000年)
徐重宁拍摄
档案来源：徐重宁

十三、中美人民的怀念　1053

▲ 2000年8月24日,史迪威将军纪念邮票首发仪式在罗德岛普罗维登斯(Providence, RI)美国邮政总局举行,史迪威将军外孙约翰·伊斯特布鲁克(John Easterbrook,美军退伍上校)在首发仪式上讲话。
档案来源:美国斯坦福大学胡佛研究所档案馆(Joseph W. Stilwell\97-3 Incremental Material)

▲ 史迪威将军纪念邮票于2000年8月24日在美国罗德岛普罗维登斯（Providence, RI）美国邮政总局首次发行。
档案来源：美国斯坦福大学胡佛研究所档案馆（Joseph W. Stilwell\97-3 Incremental Material）

十三、中美人民的怀念　1055

▲ 2000年8月24日，史迪威将军纪念邮票首发仪式在罗德岛普罗维登斯(Providence, RI)美国邮政总局举行，史迪威将军外孙约翰·伊斯特布鲁克(John Easterbrook，美军退伍上校)在首发仪式上与参加过中缅印战区抗战的退伍老兵们合影。
档案来源：约翰·伊斯特布鲁克(John Easterbrook)

▲ 2000年8月24日，史迪威将军纪念邮票首发仪式在罗德岛普罗维登斯（Providence, RI）美国邮政总局举行，史迪威将军的外孙约翰·伊斯特布鲁克（John Easterbrook，美军退伍上校）在首发仪式上与史迪威将军纪念邮票设计者马克·萨默斯（Mark Summers）在史迪威将军纪念邮票前合影。
档案来源：约翰·伊斯特布鲁克（John Easterbrook）

十三、中美人民的怀念　　1057

▲ 继美国罗德岛普罗维登斯(Providence, RI)举行的史迪威将军纪念邮票发行仪式的第二天，在加州奥德堡(Fort Ord, CA)军事基地举行了邮票发行庆祝会，史迪威将军的曾外孙女南希(Nancy Easterbrook Millward，左一)和苏珊(Susan Easterbrook Cole，左二)参加了庆祝会，苏珊在庆祝会上做了主题发言。(2000年8月25日)
档案来源：美国斯坦福大学胡佛研究所档案馆(Joseph W. Stilwell\97-3 Incremental Material)

▲ 史迪威将军纪念邮票发行仪式第二天,史迪威将军的外孙约翰·伊斯特布鲁克(John Easterbrook,美军退伍上校)参加了在德克萨斯州休斯敦(Houston, TX)举行的史迪威将军纪念邮票发行庆祝会,约翰在邮票发行庆祝会上与美陆军仪仗队(休斯顿营)合影。(2000年8月25日)

档案来源:美国斯坦福大学胡佛研究所档案馆(Joseph W. Stilwell\97-3 Incremental Material)

十三、中美人民的怀念　1059

▲ 1992年，美国史迪威基金会向重庆捐献了2.5万册英语书籍，图书收集并运到重庆，史迪威将军的女儿南希（Nancy Stilwell Easterbrook）给予了极大的帮助。以这批书为基础，重庆工商大学建立了史迪威图书馆。图为史迪威将军家人在史迪威图书馆前留影。从左至右：史迪威将军曾外孙女苏珊（Susan Easterbrook Cole）、南希（Nancy Easterbrook Millward），史迪威将军外孙约翰·伊斯特布鲁克（John Easterbrook，美军退伍上校）及夫人菡·伊斯特布鲁克（Hanh Easterbrook）。(2003年3月)
徐重宁拍摄
档案来源：徐重宁

▲ 史迪威家人参加"纪念史迪威将军诞辰120周年暨重庆史迪威博物馆开馆仪式",并在史迪威雕塑像前留影。从左至右:史迪威将军的曾外孙女苏珊(Susan Easterbrook Cole)、史迪威将军外孙的夫人菡·伊斯特布鲁克(Hanh Easterbrook)、史迪威将军的外孙约翰·伊斯特布鲁克(John Easterbrook,美军退伍上校)、史迪威将军曾外孙女南希(Nancy Easterbrook Millward)。(2003年3月19日)
徐重宁拍摄
档案来源:徐重宁

▲ 史迪威家人在"纪念史迪威将军诞辰120周年暨重庆史迪威博物馆开馆仪式"上。从左至右：史迪威将军的曾外孙女苏珊（Susan Easterbrook Cole）、南希（Nancy Easterbrook Millward）、史迪威将军外孙的夫人菡·伊斯特布鲁克（Hanh Easterbrook）、史迪威将军的外孙约翰·伊斯特布鲁克（John Easterbrook，美军退伍上校）。(2003年3月19日)

徐重宁拍摄

档案来源：徐重宁

▲ 2003年3月，经过整修后，史迪威博物馆重新开馆，重庆举行了"纪念史迪威将军诞辰120周年暨重庆史迪威博物馆开馆仪式"。图为开馆仪式现场。
档案来源：周勇

▲ 2003年3月19日,在重庆举行了"纪念史迪威将军诞辰120周年座谈会"。(2003年3月19日)
徐重宁拍摄
档案来源:徐重宁

▲ 2003年3月19日,重庆举行了"纪念史迪威将军诞辰120周年座谈会"。图为座谈会现场。
档案来源:周勇

十三、中美人民的怀念　1065

▲ 史迪威将军的家人参加了在重庆举行的"纪念史迪威将军诞辰120周年座谈会"。图为座谈会现场,面对镜头者从左三至左六:史迪威将军的外孙约翰·伊斯特布鲁克(John Easterbrook,美军退伍上校)、史迪威将军的曾外孙女南希(Nancy Easterbrook Millward)、史迪威将军外孙的夫人菡·伊斯特布鲁克(Hanh Easterbrook)、史迪威将军曾外孙女苏珊(Susan Easterbrook Cole)。(2003年3月19日)
档案来源:周勇

▲ 史迪威家人在重庆史迪威博物馆内史迪威将军半身雕像前合影。图左起：乔·史迪威（Joe Stilwell,III,史迪威长孙，1960年毕业于西点军校）、约翰·伊斯特布鲁克（John Easterbrook,史迪威外孙，1962年毕业于西点军校，美军退伍上校）。(2009年)
徐重宁拍摄
档案来源：徐重宁

十三、中美人民的怀念　1067

▲ 重庆史迪威博物馆内史迪威将军半身雕像。
吕旭拍摄
档案来源：冯嘉琳

▲ 2012年9月,赴重庆访问期间,美国驻华前大使骆家辉(Gary Locke,左五)参观了重庆史迪威博物馆,纪念美中两国二战期间的合作历程。
档案来源:美国驻成都总领事馆

▲ 2013年11月21日,美国驻华前大使骆家辉(Gary Locke,左二)为云南省从事"飞虎队"研究与纪念的相关人员举行午宴,这次活动是美中成功合作的重要体现。客人包括与"飞虎队"一起飞越"驼峰"的二战老兵(左一)、云南"飞虎队"研究会会员、负责管理"飞虎队"相关藏品人员,以及来自媒体和文化界人士。
档案来源:美国驻成都总领事馆

▲ 2013年，美国驻成都总领事何孟德（Peter Haymond，左三）在祥云镇参观了著名的"飞虎队"队员罗伯特·H.穆尼（Robert H. Mooney）中尉的纪念碑。1943年纪念碑在祥云建成以纪念穆尼，1993年纪念碑得以重建。
档案来源：美国驻成都总领事馆

▲ 2012年3月,美国驻成都总领事何孟德(Peter Haymond,后排左八)与美国驻华武官大卫·史迪威(David Stillwell,后排左五)准将、英国驻重庆总领事,以及英国驻华武官一道在云南昆明"驼峰"飞行员纪念碑前举行仪式,纪念70年前首批物资飞越"驼峰",从印度空运到昆明。
档案来源:美国驻成都总领事馆

全国重点文物保护单位

同盟国中国战区统帅部参谋长官邸旧址

中华人民共和国国务院
二〇一三年三月五日公布
重庆市人民政府立

▲ 重庆史迪威博物馆于2013年3月被中华人民共和国国务院定为全国重点文物保护单位。
徐重宁拍摄
档案来源：徐重宁

▲ 2014年2月26日,"重庆史迪威博物馆珍贵历史图片重新开放暨全国重点文物保护单位挂牌仪式"在史迪威博物馆举行,重庆市副市长刘强与美国驻成都领事馆何孟德(Peter Haymond)总领事出席了挂牌仪式。

档案来源:美国驻成都总领事馆

▲ 2014年2月26日,美国驻成都总领事何孟德(Peter Haymond)参加重庆史迪威博物馆成为全国重点文物保护单位挂牌,以及博物馆珍贵历史图片重新开放的庆祝仪式。展出的图片在美国驻成都总领事馆的资助下得以扫描、重新冲印并装裱。图为何孟德总领事(二排左三)在仪式举行期间与重庆地区的几位二战老兵会面。

档案来源:美国驻成都总领事馆

▲ 2014年2月,美国驻成都总领事何孟德(Peter Haymond)在昆明市博物馆举行的美国陆军摄影师巴尼·罗塞特(Barney Rosset)的二战照片展开幕式上致辞。他指出,美中过去在二战期间的合作为两国携手克服21世纪的挑战提供了范例。

档案来源:美国驻成都总领事馆

▲ 2014年4月14日,史迪威将军的孙女纳亚·史迪威(Nya Stilwell)和孙子史蒂文·史迪威(Steven Stilwell)来到重庆史迪威博物馆参观,并种下了一棵桂花树。两人此次来华也是为纪录片《踏足史迪威之路》做录制工作。

档案来源:史蒂文·史迪威(Steven Stilwell)

十三、中美人民的怀念　1077

▲ 2014年4月14日,史迪威将军的孙女纳亚·史迪威(Nya Stilwell)和孙子史蒂文·史迪威(Steven Stilwell)在重庆史迪威博物馆。
档案来源:史蒂文·史迪威(Steven Stilwell)

附 录

史迪威将军任职年表[①]

1904年6月15日	美国西点军校(United States Military Academy, West Point, New York)毕业
1904年6月16日—9月14日	毕业休假,到西海岸旅行
1904年9月15日—11月7日	前往位于菲律宾群岛的乔斯曼兵营(Camp Jossman, Guimaras, Philippine Islands),1904年10月1—29日,乘美军运输船"谢里登"号(Sheridan)前往菲律宾
1904年11月7日—1906年4月8日	任职于驻菲律宾群岛吉马拉斯的乔斯曼兵营(Camp Jossman, Guimaras, Philippine Islands)第12步兵团,1905年2月3日在菲律宾群岛萨马岛(Samar)上作战
1906年4月9日—8月21日	返回美国(1906年4月9日—5月15日),休假后赴西点军校(United States Military Academy, West Point)
1906年8月22日—1910年12月18日	任职于西点军校(United States Military Academy, West Point)现代语言系,于1907年6月20日—8月9日穿越危地马拉搜集情报;1908年6月28日—8月1日赴墨西哥旅行;1909年6月25日—8月4日到洪都拉斯、萨尔瓦多和危地马拉旅行
1910年12月19日—1911年1月31日	在西海岸旅行,于1911年1月5—31日乘美军运输船"谢尔曼"号(Sherman)前往菲律宾群岛
1911年2月1日—1912年2月11日	在美军驻菲律宾群岛威廉·麦金莱堡(Fort William McKinley, Philippine Islands)第12步兵团(1911年6月4日任职于D连),1911年9月15日—12月14日,休假前往日本和中国,随后与第12步兵团D连回到美国
1912年2月11日—4月29日	1912年2月11日—1913年4月29日,任职于加州蒙特雷军营(Presidio of Monterey, CA)第12步兵团D连
1913年4月30日—5月31日	休假
1913年6月1—27日	选拔入纽约的尼亚加拉堡(Fort Niagara, New York)陆军步兵步枪队
1913年6月28日—8月17日	休假旅行
1913年8月18日—1914年6月2日	任职于美国西点军校(United States Military Academy, West Point)英语和历史系
1914年6月3—14日	到西班牙马德里旅行,其间6月3—10日,乘"洛林"号(Lorraine)
1914年6月15日—8月6日	在西班牙马德里学习西班牙语课程
1914年8月8—27日	返美休假,于1914年8月8—20日,乘英国皇家邮轮"艾弗尼亚"号(Ivernia)从直布罗陀到波士顿

[①] 各任职期间的休假旅行因涉及出国旅行,表中仅标出主要的休假时间,个别短时间的差异,可参照史迪威日记。

续表

1914年8月28日—1915年4月21日	任美国西点军校(United States Military Academy, West Point)现代语言系教官
1915年4月22—26日	赴纽约麦迪森军营(Madison Barracks, New York)
1915年4月27日—9月27日	在纽约麦迪森军营(Madison Barracks, New York)第3步兵团前后分别负责H连、L连及K连
1915年9月28—30日	休假
1915年10月1日—1916年6月25日	任职于美国西点军校(United States Military Academy, West Point)现代语言系
1916年6月25日—8月12日	任职于驻纽约普拉茨堡(Plattsburg, New York)的常规部队教导营(训练团第1营M连,后改名为第8训练团)
1916年8月12日—1917年8月24日	美国西点军校(United States Military Academy, West Point)现代语言系任教官,并在1917年6月开设的战术系任教官
1917年8月25日—12月18日	弗吉尼亚州李营(Camp Lee, VA)第80师任(旅部副官、军营军需官、军需官培训学校指挥官、军备学校指挥官、情报部参谋助理)
1917年12月30日—1918年1月19日	1918年1月7日乘邮轮(USMS)离美赴法国,1918年1月19日抵达法国勒阿弗尔(Le Havre, France)
1918年1月19日—2月6日	任职于驻法国肖蒙(Chaumont, France)美国远征军总司令部
1918年2月6—10日	赴英军第30师和第58师了解前线实际情况
1918年2月10—15日	在驻拉斐尔(La Fère)的英军第58师工作
1918年2月16—28日	在位于法国郎格勒(Langres, France)的美军军校学习情报课程
1918年2月28日—3月17日	任职于驻法国肖蒙(Chaumont, France)美国远征军总司令部
1918年3月20日—4月29日	任职于驻凡尔登(Verdun Sector)的法国第17军
1918年4月30日—6月5日	任职于驻法国肖蒙(Chaumont, France)的美军远征军总司令部
1918年6月6—15日	在美军第2集团军情报部工作
1918年6月19日—1919年1月20日	任美军第4军集团军情报部参谋长助理[1918年8月8—10日,在美对圣米耶尔(St. Mihiel)攻势中驻图勒(Toul Sector)第1军担任临时任务]
1919年1月20日—6月23日	在德国科赫姆(Cochem, Germany)作为占领军第4集团军任参谋长助理
1919年7月5—15日	乘"洛林"号(Lorraine)返回美国
1919年7月16日—8月29日	休假一个月,到加州(CA)旅行
1919年8月29日—1920年5月17日	在美国伯克利加州大学(University of California, Berkeley, CA)学习汉语

续表

日期	内容
1920年5月18日—8月4日	休假
1920年8月5日—9月20日	前往中国,1920年8月5—31日,乘美陆军运输船"马达沃斯卡"号(Madawaska)到马尼拉(Manila)
1920年9月20日—1923年7月8日	中国北平学习中文
1923年7月8—31日	返回美国,搭乘美陆军运输船"托马斯"号(Thomas)
1923年8月1日—9月9日	休假,前往乔治亚州本宁堡(Fort Benning,GA)步兵学校
1923年9月10日—1924年5月29日	乔治亚州本宁堡(Fort Benning,GA)步兵学校深造
1924年5月30日—1925年5月30日	任乔治亚州本宁堡(Fort Benning,GA)步兵学校助理执行官
1925年5月31日—8月21日	休假,前往堪萨斯州利文沃思堡(Fort Leavenworth,KS)
1925年8月22日—1926年6月30日	堪萨斯州利文沃思堡(Fort Leavenworth,KS)军校深造
1926年7月1日—9月28日	休假,到中国天津,于1926年8月20日—9月28日,乘美陆军运输船"托马斯"号(Thomas)
1926年9月29日—1928年2月22日	任职于美军驻中国天津第15步兵团(1926年10月1日—12月15日,任美军驻中国天津第15步兵团暂编营营长;1926年12月6日—1927年4月30日,任第15步兵团第二营营长;1927年5月1日—10月31日,任第15步兵团行政长官;1927年11月1日—12月23日,第15步兵团暂编营营长;1927年12月24日—1928年2月22日,任第15步兵团行政长官;1927年9月5—25日,赴朝鲜和日本旅行;1927年9月22日—10月30日,在日本旅行
1928年2月22日—6月30日	任驻中国天津步兵团行政长官
1928年7月1日—1929年4月16日	驻中国美军部队参谋长(1929年3月10日,接受为期一个月的特殊任务;1929年3月10日—4月1日,在朝鲜和日本)
1929年4月17日—5月31日	返回美国,1929年4月17日—5月7日,乘美陆军运输船"格兰特"号(Grant)到旧金山(San Francisco),随后,于5月14—31日,途经巴拿马(Panama)前往纽约(New York)。
1929年6月1日—7月9日	休假,赴乔治亚州本宁堡(Fort Benning, GA)
1929年7月10日—1930年5月	任乔治亚州本宁堡(Fort Benning, GA)步兵学校战术教官
1930年5月—1933年5月30日	乔治亚州本宁堡(Fort Benning, GA)步兵学校第一部门(战术部)主任并担任教官
1933年6月6日—1935年5月19日	在驻加州圣迭哥(San Diego, CA)预备役任职
1935年4月20日—6月4日	休假,赴加州旧金山(San Francisco,CA)
1935年6月5日—7月6日	前往中国,于1935年6月5日—7月6日,乘美陆军运输船"格兰特"号(Grant)前往中国

续表

1935年7月7日—1939年5月13日	出任美驻暹罗(Siam,即今泰国——译注)武官和驻中国北平武官,在中国与暹罗进行第26次田野考察
1939年5月13日—8月14日	休假,于1939年7月24日—8月14日,途经印度支那(Indo-China)、暹罗(Siam,即今泰国——译注)、马来(Malay)、爪哇(Java)、菲律宾(Philippines)乘美陆军运输船"格兰特"号(Grant)返回美国
1939年8月16日—9月23日	休假,并赴德克萨斯州山姆·休斯敦堡(Fort Sam Houston,TX)军事基地
1939年9月24日—10月8日	任驻德克萨斯州山姆·休斯敦堡军事基地(Fort Sam Houston,TX)第3旅旅长
1939年10月8日—1940年6月28日	任驻德克萨斯州山姆·休斯敦堡军事基地(Fort Sam Houston,TX)第2师步兵司令
1940年7月1日—1941年7月25日	任驻加州奥德堡(Fort Ord,CA)第7师总司令
1941年7月25日—12月23日	任驻加州蒙特雷军事基地(Presidio of Monterey,CA)美军第3集团军军长
1941年12月24日—1942年1月23日	在华盛顿特区(Washington DC),制订北非作战计划
1942年1月23日—3月4日	计划、召集人员、前往中国
1942年3月4日—1944年10月26日	任中国战区最高统帅的参谋长、驻中缅印战区美军总司令、盟军东南亚司令部副总司令
1944年10月26日—1945年1月22日	返回美国,休假,通过美陆军参谋长马歇尔将军口头指示,等待新的任命
1945年1月24日—6月21日	出任美陆军地面部队总司令
1945年6月23日—10月15日	出任驻日本冲绳岛(Okinawa,Japan)美第10集团军总司令
1945年11月1日—1946年1月19日	在华盛顿特区,任职于美军军备局
1946年1月22日—2月28日	任驻加州旧金山的军事基地(Presidio of San Francisco,CA)第6集团军总司令,负责西部防御
1946年3月1日—10月12日	任驻加州旧金山的军事基地(Presidio of San Francisco,CA)第6集团军总司令,于1946年6月25日—7月31日,任原子弹测试观察员
1946年10月12日	在加州旧金山军事基地(Presidio of San Francisco,CA)莱特曼陆军医院(Letterman General Hospital)去世,终年63岁

档案来源:约翰·伊斯特布鲁克(John Easterbrook),2002年4月

史迪威将军晋升年表[①]

1904年6月15日	少尉
1911年3月3日	中尉
1916年7月1日	上尉
1917年8月5日	美陆军少校（1917年8月21日正式接受）
1918年8月26日	美陆军中校（1918年9月11日正式接受）
1919年5月6日	美陆军上校（1919年5月10日正式接受）
1919年9月14日	恢复上尉军衔
1920年7月1日	少校
1928年5月6日	中校
1935年8月1日	上校
1939年7月1日	准将（1939年8月5日正式接受）
1940年10月1日	美陆军少将
1942年2月25日	美陆军中将
1943年9月1日	常规部队少将
1944年8月1日	上将

档案来源：约翰·伊斯特布鲁克（John Easterbrook）

[①] 美军当时有美陆军和常规部队（永久系统）两种晋升体系，美陆军晋升在常规晋升之前。区别是：在战时军队扩充期间，部队人员能很快获得美陆军晋升，危机一旦结束，可能失去晋升的军阶，而按照永久体系获得提升的军阶不会失去。第一次世界大战和第二次世界大战后，普遍减少临时性军阶，降到战前的军阶，随后，他们可按常规再次获得晋升机会。

史迪威将军获奖列表

序号	授勋名称
1	作战步兵奖章（Combat Infantryman's Badge）
2	优异服务十字勋章（Distinguished Service Cross）
3	陆军优异服务橡叶勋章（Distinguished Service Medal with Oak Leaf Cluster）
4	荣誉军团勋章（授予最高级军官）（Legion of Merit, Degree of Chief Commander）
5	铜质星章（去世后授予）（Bronze Star）
6	空军奖章（去世后授予）（Air Medal）
7	菲律宾战役奖章（Philippine Campaign Medal）
8	第一次世界大战胜利勋章（带圣米耶尔及防卫勋章扣）（World War I Victory Medal with clasps for St. Mihiel and Defensive Sector）
9	美国国防服务勋章（American Defense Service Medal）
10	美国战役勋章（American Campaign Medal）
11	陆军占领德国勋章（Army of Occupation of Germany Medal）
12	亚太战役勋章（Asiatic-Pacific Campaign Medal with one silver star in lieu of five bronze stars）
	获外国勋章（Foreign Decorations）
1	第二次世界大战胜利勋章（World War II Victory Medal）
2	法兰西荣誉军骑士勋章（Legion D'Honneur, Chevalier, France）
3	巴拿马团结荣誉勋章（La Solidaridad, Panama）
4	比利时大军官级棕榈叶利奥波德勋章（Order of Leopold with Palm, Degree of Grand Officer, Belgian）
5	比利时棕榈叶英勇十字勋章（去世后授予）（Croix de Guerre with Palm, Belgian）
6	优异服务传令嘉奖（Mentioned in Despatches for distinguished service, British）

档案来源：约翰·伊斯特布鲁克（John Easterbrook），2002年4月

资料来源

美国国家档案馆
美国斯坦福大学胡佛研究所档案馆
约翰·伊斯特布鲁克（John Easterbrook）
中国第二历史档案馆
重庆市图书馆
重庆市档案馆
重庆中国三峡博物馆
中国国际友人研究会
美国驻成都总领事馆
中国东方IC
周　敏
周　勇
戈叔亚
徐重宁
冯嘉琳

参考文献

1. Colling, John. *The Spirit of Yenan*. Hong Kong: API Press Ltd., 1991.

2. Dorn, Frank. *Walkout with Stilwell in Burma*. New York: Thomas Y. Crowell Company, 1971.

3. Romanus, Charles & Sunderland, Riley. *Stilwell's Command Problems*. Washington DC: Office of the Chief of Military History Department of the Army, 1956.

4. Romanus, Charles, and Sunderland, Riley. *Stilwell's Mission to China*. Washington DC: Office of the Chief of Military History, Dept. of the Army, 1953.

5. Stilwell, Joseph W. (ed. Theodore White). *The Stilwell Papers*. Beijing: Foreign Languages Press, 2003.

6. Stilwell, Joseph W. Stilwell Diaries. http://www.hoover.org/library-archives/collections/diaries-general-joseph-w-stilwell-1900-1946. January 26, 2014.

7. Tuchman, Barbara. *Stilwell and the American Experience in China, 1911–1945*, New York: Macmillan Company, 1971.

8. 〔美〕巴巴拉·W.塔奇曼:《逆风沙——史迪威与美国在华经验1911—1945》,汪溪等译,重庆出版社1994年版。

9. 〔美〕巴巴拉·W.塔奇曼:《蒋介石的外国高级参谋长——史迪威》,姚凡立等译,黑龙江人民出版社1988年版。

10. 〔美〕约瑟夫·W.史迪威:《史迪威日记》,黄家林等译,世界知识出版社1992年版。

11.〔美〕约瑟夫·W. 史迪威等：《中华民国史资料丛稿》（第二集），瞿同祖编译，中华书局1978年版。

12.〔美〕约翰·高林：《延安精神》，孙振皋译，华艺出版社1992年版。

13. 梁敬錞：《史迪威事件》，商务印书馆1973年版。

14. 秦孝仪编：《中华民国重要史料初编——对日抗战时期》（第二编），中国国民党中央委员会党史委员会1981年版。

15. 日本防卫厅防卫研究所战史室：《中华民国史资料丛稿译稿·缅甸作战》（下），天津市政协编译委员会，中华书局1987年版。

16. 史迪威研究中心编：《史迪威与中国》，重庆出版社1992年版。

17. 孙克刚：《缅甸荡寇志》，上海图书公司1946年版。

18. 唐伯明等：《二战交通史话——史迪威公路》，人民交通出版社2014年版。

19. 中国国际友人研究会编：《美军观察组访问延安60周年纪念》，2004年。

后　记

　　为缅怀中国人民伟大的朋友、为中国抗战胜利作出杰出贡献的史迪威将军，我们编辑出版这部《史迪威将军与中国战区统帅部影像集》。两年来，我们查阅了重庆市图书馆、中国第二历史档案馆相关的文献资料；飞赴美国，分别到美国国家档案馆、斯坦福大学胡佛研究所档案馆以及史迪威外孙约翰·伊斯特布鲁克（John Easterbrook）家扫描、翻拍了千余张史迪威和与其有关的图片资料。在搜集整理图片的过程中，我们深刻体会到了资料搜集整理工作的艰辛，也体验了"淘金者"发现"金矿"的惊喜，同时也感受到了还原历史真实所肩负的沉甸甸的使命感。

　　一张张清晰的历史照片将我们带回抗日战争那血与火的岁月，史迪威将军为中国抗日战争呕心沥血，竭尽全力和中国军人、英美盟国军人英勇顽强抗击日本侵略者的历史如实生动地展现在我们眼前，视角的冲击一次次震撼着我们，我们怀着敬畏之心重温历史、缅怀先辈，对在战火中冒着生命危险拍摄这些中美官兵浴血奋战的照片，并一丝不苟记下照片说明的美军通信兵充满敬意。因为有了他们，我们今天才得以拥有这些珍贵的历史影像。在编辑此影像集的过程中，我们尽量忠实保持这些通信兵的名字以及图片说明中所涉及的人名，就是要将默默地忙碌在抗战第一线的美军通信兵们和那些奉献鲜血与生命换来胜利的中美官兵们的功绩付诸文字永存，铭刻于心。

　　对保存这些珍贵照片的美国国家档案馆和斯坦福大学胡佛研究所档案馆以及史迪威将军的家人，我们满怀感激。我们用了40天的时间分别在美国国家档案馆和斯坦福大学胡佛研究所档案馆搜集、扫描和翻拍了史迪威抗战时期的照片。美国国家档案馆影像部的工作人员和斯坦福大学胡佛研究所档案馆馆员工作严谨高效，服务热情周到；每天迎接来访者的笑脸、档案架上排列整齐的档案盒、一支支削好的铅笔、耐心细致的检索方法及规则的讲解，所有这些都体现了他们精湛的敬业精神和优秀的专业素养。我们被他们的工作热情和服务意识深深折服。在此我们表达对他们的深深敬意和谢意。

史迪威将军的外孙，美军退伍上校约翰·伊斯特布鲁克（John Easterbrook）为我们搜集史迪威将军的照片自始至终给予了最大的支持和帮助。他毫无保留地将自己保存的数百张史迪威将军的照片送到我们面前，让我们扫描存档，不厌其烦地回答我们的各种问题，对图片中的一些美军将领的名字予以确认，对涉及的时间、事件等仔细校核，对图片排列顺序、文字说明提出修改建议，并为这部影像集写了序言。约翰的夫人菡·伊斯特布鲁克（Hanh Easterbrook）对我们在美国的食宿关怀备至，为我们的工作扫除后顾之忧。可以说，没有约翰·伊斯特布鲁克与夫人的最大支持和帮助，我们难以完成这部影像集的编著。对他们为影像集的完成所做的一切，我们致以无尽的感激。

重庆出版社为影像集的出版发行给予了极大的支持；中国国际友人研究会对本影像集中部分图片的使用给予了肯首；国际友人丛书——《史迪威将军》的作者、重庆育才中学校退休教师、历史研究员冯嘉琳为影像集策划、照片拍摄花费了很多时间，倾注了大量心血，对编辑出版的照片和说明，提出了宝贵的意见，对部分照片补充了说明，提供了影集各部分文字介绍的初稿，并对最后的定稿进行了多次认真的修改；原重庆史迪威中心办公室主任周敏参与了影像集策划，无偿地提供了多年搜集的百余张照片并加注说明；重庆工商大学派斯学院薛龙翠老师、王蓓老师、靳华老师，南方翻译学院靳太丰老师对图片整理、图片说明的翻译以及图片历史背景资料的查阅作出了极大的贡献；重庆工商大学派斯学院刘杰老师协助了部分照片翻拍并对部分文字进行校对；重庆工商大学派斯学院图书馆馆长唐建强副教授对文字介绍部分付出了心血；原重庆市博物馆常务副馆长黄晓东研究员对图片档案的整理归类和标注提出了宝贵建议;抗战专家戈叔亚先生慷慨提供了自己拍摄的相关照片并就部分图片涉及的地名和数据进行了解释;晏欢先生对确认个别图片中中国将领的名字给予了帮助;重庆图书馆唐伯友先生和重庆中国三峡博物馆艾智科先生对文字资料的搜集提供了帮助;重庆市地方史研究会郭金杭女士、复旦大学历史系博士生周昌文先生为本书的编辑出版,做了大量的工作。在此,我们谨向以上各位人士致以我们最高的敬意和诚挚的感谢!

周 勇 徐重宁

2015年1月2日